INSTRUCTION
SUR LES DROITS
DES
FERMES GÉNÉRALES DU ROI,

DANS LES PROVINCES

DE FLANDRE ET DU HAYNAULT,

Relativement au Tarif du 13 juin 1671, Arrêts & Règlemens postérieurs.

Du mois de Septembre 1753.

A PARIS,
DE L'IMPRIMERIE ROYALE.

M. DCCLIII.

AVERTISSEMENT.

LA plûpart des Receveurs & autres Commis des Fermes en Flandre & en Haynault, font fi peu inftruits des arrêts, règlemens & ordres poftérieurs au tarif de 1671, qu'ils fe trouvent continuellement embarraffés fur la perception des droits auxquels certaines Marchandifes font affujéties, & font renaître tous les jours des queftions décidées. La Compagnie, dans de pareilles circonftances, a jugé à propos de réunir fous un même point de vûe tous ces arrêts, règlemens & ordres, en les diftribuant avec précifion, fuivant l'ordre alphabétique des Marchandifes qu'ils ont pour objet.

On commence par expliquer la règle générale; on entre enfuite dans le détail des exceptions, & l'on diftingue l'une de l'autre, pour répandre fur cette inftruction la lumière, l'ordre & l'exactitude qu'elle demande.

On a placé fous la lettre *M* des obfervations qui concernent, les unes, certains genres de commerce, tels que ceux de la Compagnie des Indes, de la côte de Guinée & des Colonies françoises de l'Amérique; les autres, certains points de régie, tels que ceux des déclarations, visites, acquits à caution, passavans, & ainsi du reste : on en prévient les Receveurs & on les exhorte à lire avec attention ces observations, sans attendre que la nécessité les oblige d'y recourir; une lecture superficielle & précipitée pourroit les jeter dans quelques erreurs.

On les prévient encore qu'ils trouveront sous la lettre *M* les différens états de Marchandises auxquels on les a renvoyés.

Cette instruction étant par ordre alphabétique, peut-être la table dont elle est suivie paroîtra-t-elle d'abord superflue ; mais on en sentira aisément l'avantage, si l'on considère d'un côté que la lettre *M* est fort chargée, & de l'autre qu'on a été obligé de parler d'une même espèce de Marchandise dans plusieurs endroits & dans des circonstances différentes.

En annonçant aux Receveurs qu'on a seulement réuni les arrêts, règlemens & ordres postérieurs au tarif de 1671, c'est leur faire connoître qu'ils doivent continuer de suivre les dispositions de ce tarif, tant pour l'entrée que pour la fortie, en tout ce qui ne fe trouve point compris dans cette inftruction.

Elle cefferoit infenfiblement d'être utile, fi les arrêts, règlemens & ordres qui interviendront, n'étoient pas infcrits à mefure fur les feuilles qu'on a laiffées en blanc; ainfi dès que les Directeurs en auront reçû, leur premier foin fera, chacun dans fon département, d'en donner connoiffance aux Contrôleurs généraux & aux Receveurs, afin que ceux-ci puiffent faire la mention requife, & que ceux-là puiffent, lors de leurs tournées, examiner fi elle a été régulièrement faite; ordonner qu'elle le foit en leur préfence, en cas qu'elle ne l'eût pas été, & informer la Compagnie de la négligence qu'ils auront reconnue à cet égard.

INSTRUCTION

INSTRUCTION

Sur les Droits des Fermes générales du Roi, dans les provinces de Flandre & du Haynault, relativement au tarif du 13 juin 1671, arrêts & règlemens postérieurs.

<table>
<tr><td>ENTRÉE.</td><td>A</td><td>SORTIE.</td></tr>
</table>

Une livre huit sols.

ACIER non ouvré, de quelque pays qu'il vienne, doit à toutes les entrées du royaume, par arrêt du 23 janvier 1717, le cent pesant.

> *Nota.* Lorsqu'il entre dans le Haynault françois pour les manufactures du pays, il est exempt de tous droits, suivant le même arrêt, relatif à celui du 10 avril 1702.

ACIER ouvré. *Voyez* QUINCAILLERIE.

AGNEAUX. *Voyez* BESTIAUX.

Quatre liv.

AIGUILLES venant des pays étrangers, autres que d'Angleterre, pour la consommation du royaume, ou déclarées à leur entrée pour passer à l'étranger, par arrêt du 5 juillet 1740, le cent pesant.

> *Nota.* 1.º Dans le cas de déclaration pour l'étranger, le droit de quatre livres est tant pour l'entrée que pour la sortie; & pour prévenir les abus, il faut, conformément à l'arrêt du 22 mai 1736, que les caisses, boëtes ou paquets soient plombés & expédiés par acquit de payement & à caution, portant soûmission de les faire sortir dans un délai convenable,

A

par un bureau qui fera défigné fuivant la deftination,
& d'y repréfenter les caiffes, boëtes ou paquets, pour
y être vérifiés.

    Nota. 2.º Mais fi les aiguilles ayant été déclarées
pour la confommation de la Flandre ou du Haynault,
viennent à repaffer à l'étranger, elles doivent, ainfi
que les originaires du pays, comme mercerie, par
arrêt du 3 juillet 1692, le cent pefant . . . . . . *Deux livres.*

    Nota. 3.º Celles venant d'Angleterre & pays en
dépendans, font comprifes dans la prohibition de
l'arrêt du 6 feptembre 1701, comme étant du
nombre de la mercerie, & conformément à la décifion
du Confeil du 21 feptembre 1742, mentionnée
dans l'état des marchandifes défendues à l'entrée.

AIS ou **PLANCHES DE SAPIN.** *Voyez* **BOIS.**

Dix livres.   **ALUN** venant d'Angleterre & pays en dépendans,
fur des vaiffeaux Anglois, par arrêt du 6 feptem-
bre 1701, & ordre du Confeil du 26 août 1714,
le cent pefant.

ALUN DE SMIRNE. *Voyez* l'état des Marchandifes
du Levant.

Cinq pour   **AMADOU**, doit comme marchandife omife au tarif,
cent.   cinq pour cent de la valeur, fur l'eftimation de
quarante livres du cent pefant, fuivant la décifion
du 25 feptembre 1721.

AMBRE JAUNE travaillé. *Voyez* **MERCERIE.**

AMIDON, par arrêt du 15 octobre 1743, le cent
pefant.   *Cinq fols.*

    Nota. Il n'eft réputé d'Angleterre, ni conféquem-
ment défendu à l'entrée, que lorfqu'il vient fur des
vaiffeaux Anglois, conformément à l'ordre du Confeil
du 26 août 1714.

Défendues.   **ARDOISES** d'Angleterre ne peuvent plus entrer
dans le royaume depuis la décifion du Confeil du 21

feptembre 1742, mentionnée dans l'état des marchandifes défendues à l'entrée, n'étant pas nommément permifes par l'arrêt du 6 feptembre 1701.

Cinq pour cent de la valeur.

ARDOISES étrangères, autres que d'Angleterre ; les droits réglés par le tarif de 1671, ne concernent que les ardoifes propres à la couverture des maifons ; en forte que les ardoifes en tables, dont chacune peut en fournir huit, dix, & quelquefois plus de la première efpèce, doivent être confidérées comme marchandife omife, & payer les droits à raifon de cinq pour cent de la valeur, tant à l'entrée qu'à la fortie, ainfi qu'il réfulte de la décifion du Confeil du 1.er avril 1752.

Cinq pour cent de la valeur.

> *Nota.* Celles qui paffent fur la Meufe pour aller de l'étranger à l'étranger, ne jouiffent pas de la faveur du tranfit ; elles doivent les droits d'entrée & de fortie, relativement à la diftinction ci-deffus. *Voyez* l'article des marchandifes fujettes aux droits de tranfit.

ARDOISES de l'ancienne France, lorfqu'elles ont été déclarées pour l'étranger, & qu'elles ont acquitté à l'un des Bureaux de fortie des Cinq groffes fermes, le droit de quinze fols du millier en nombre, fixé par le tarif de 1664, il n'y a pas lieu de leur faire payer à leur paffage en Flandre ou Haynault, le fupplément jufqu'à trente fols, qui eft le droit de fortie du tarif de 1671, parce que le tarif de 1664 eft fait pour les marchandifes qui fortent des Cinq groffes fermes, quelque deftination qu'elles aient ; & que celui de 1671 eft particulier pour les marchandifes du pays conquis qui fortent à l'étranger. Décifion du 6 octobre 1725 . . . . . .   *Néant.*

ARGENT & OR. *Voyez* OR & ARGENT.

ARMES, à l'entrée. *Voyez* dans l'ordre alphabétique

du Recueil, l'état de la Mercerie & celui de la
Quincaillerie, pour les droits d'entrée de toutes
fortes d'armes blanches & armes à feu, autres néanmoins que celles montées ou garnies d'or, argent,
cuivre, ou acier doré ou argenté, & d'acier poli
ou damafquiné, dont les droits doivent être perçûs
à raifon de cinq pour cent de la valeur.

ARMES, à la fortie. *Voyez* l'état des Marchandifes   *Défendues.*
défendues.

> *Nota.* 1.° Les épées montées ou non montées,
> ainfi que les autres armes, comme fufils & piftolets,
> qui ne font point à l'ufage des troupes, mais feule-
> ment à l'ufage des particuliers, peuvent fortir en
> payant les droits ordinaires, fuivant la décifion du
> Confeil du 1.er novembre 1736.

> *Nota.* 2.° Les armes deftinées pour le fervice du
> Roi, accompagnées de paffeports ou d'ordres équi-
> valens, font affranchies des droits d'entrée & de fortie,
> fuivant l'arrêt du 2 mars 1728: fous le nom d'armes,
> font compris, non feulement les armes offenfives &
> défenfives, mais encore tous métaux, matiéres &
> outils fervant à leur fabrication, & tout ce qui eft
> deftiné à les voiturer, porter, conferver & s'en fervir,
> même les facs à terre à l'ufage de l'artillerie, pourvû
> qu'il en foit nommément fait mention aux paffeports
> de Sa Majefté, conformément au même arrêt; d'où
> il réfulte que les armes non accompagnées de paffe-
> ports ni d'ordres équivalens, qui faffent connoître
> qu'elles font deftinées pour le fervice du Roi, doivent
> payer les droits, ainfi qu'on l'a décidé le 30 mars
> 1747.

> *Nota.* 3.° Les armes deftinées pour le commerce
> de Guinée, font exemptes de tous droits de fortie
> par les lettres patentes du mois de janvier 1716,
> article VI. *Voyez* l'article des Marchandifes deftinées
> pour la côte de Guinée; on y a cité un arrêt par
> lequel les armes qui viennent de l'étranger pour
> cette deftination font affujéties au droit d'entrée.

ARMEMENS & AVITAILLEMENS. *Voyez* le chapitre des Marchandifes deftinées pour les Ifles; *voyez auffi* celui des Marchandifes deftinées pour la Louifiane.

ARMEMENS & AVITAILLEMENS : En général, tous avitaillemens & équipemens de navires pour quelque deſtination que ce puiſſe être, ſont aſſujétis aux droits, ſuivant l'article X des arrêt & lettres patentes du 6 avril 1745.

Il n'y a que certains genres de commerce, comme ceux de la Compagnie des Indes, de la côte de Guinée & des Colonies françoiſes de l'Amérique, dont la Louiſiane fait partie, qui en ſoient affranchis. *Voyez* Marchandiſes de la Compagnie des Indes. *Voyez* auſſi Marchandiſes deſtinées pour la côte de Guinée ; l'article I V des lettres patentes du mois d'avril 1717, pour ce qui concerne les iſles, & l'article premier de l'arrêt du 30 ſeptembre 1732, pour ce qui regarde la Louiſiane.

Les vivres & autres choſes néceſſaires pour l'avitaillement & l'armement des vaiſſeaux deſtinés pour la pêche des François à l'iſle Royale, à celle de Terre-neuve, & aux côtes du Canada ou nouvelle France, jouiſſent de la même exemption, en conſéquence d'une déciſion du Conſeil du 31 octobre 1733.

Nota. 1.º Pour jouir de cette exemption accordée à la pêche, il faut que les armemens ſe faſſent dans les ports où il eſt permis d'armer pour les iſles, ou dans ceux où il a été établi des entrepôts, en vertu d'arrêts particuliers, tels ſont les ports de Saint-Jean-de-Lutz, de Granville & de Renneville, ſuivant les arrêts des 20 juillet 1734, & 27 janvier 1739.

Nota. 2.º On doit en ce qui concerne la proviſion de vins & d'eaux de vie, ſuivre la proportion établie par l'article V de l'arrêt & des lettres patentes du 6 avril 1745.

ASSA FŒTIDA. *Voyez* l'état des Marchandiſes du Levant.

B

Trois sols trois deniers. BALAIS, cinq pour cent de la valeur, sur l'estimation de 3 livres 5 sols le cent en nombre, suivant l'usage établi depuis le 17 mars 1716.

BALAIS de salle. *Voyez* MERCERIE.

Quinze livres. BALEINES coupées de pêche étrangère, autres que des villes anséatiques, à toutes les entrées du royaume, suivant le tarif de 1667, & l'arrêt du 3 juillet 1692, le cent pesant.

> *Nota.* 1.º Celles de pêche Hollandoise sont assujéties au même droit, depuis l'arrêt du 31 décembre 1745, qui révoque les priviléges des Hollandois.

> *Nota.* 2.º *Voyez* l'observation à l'article des Marchandises destinées pour Lyon.

Neuf livres. BALEINES coupées, venant des villes anséatiques, à toutes les entrées, par le Traité de commerce du 28 septembre 1716, le cent pesant.

> *Nota. Voyez* Marchandises des villes anséatiques.

Trente livres. BALEINES en fanons, ou fanons de Baleine, autres que des villes anséatiques, à toutes les entrées, par le tarif de 1667, & l'arrêt du 3 juillet 1692, le cent en nombre du poids de 300 liv ou environ.

> *Nota.* 1.º Celles qui viennent de Hollande doivent le même droit, par la raison ci-dessus expliquée.

> *Nota.* 2.º *Voyez* l'observation à l'article des Marchandises destinées pour Lyon.

Vingt livres. BALEINES en fanons, ou fanons de Baleine des villes anséatiques, à toutes les entrées, le cent en nombre, tant grands que petits, du poids de 300 livres ou environ, par le traité de 1716.

> *Nota. Voyez* Marchandises des villes anséatiques.

Baleine de toute efpèce venant d'Angleterre, eft cenfée prohibée, n'étant point au rang des marchandifes permifes par l'arrêt du 6 feptembre 1701, n'étant pas même de la pêche des Anglois. *Voyez* l'état des Marchandifes défendues à l'entrée.

Baracan. *Voyez* Etoffes.

Barrils. *Voyez* Futailles.

Bas de foie, filofelle & fleuret, ne peuvent entrer dans le royaume par mer, que par le port de Marfeille, & par terre, que par le pont de Beauvoifin, à peine de confifcation des marchandifes & équipages, fuivant l'arrêt du 6 mars 1719, article IV.

Quatre liv. Bas de coton, autres que d'Angleterre, par le tarif de 1667, & l'arrêt du 3 juillet 1692, à toutes les entrées la douzaine de paires l'une portant l'autre.

Droits du tarif. Bas de fil, autres que d'Angleterre, le tarif de 1667 n'ayant rien ftatué fur les bas de fil, ils ne font fujets qu'aux droits du tarif de 1671, fuivant la décifion du 13 feptembre 1728.

> *Nota.* Les arrêts des 20 avril 1700, & 3 mai 1720, dont il fera ci après parlé, qui ont fixé par certains bureaux l'entrée des ouvrages de bonneterie étrangère, ne concernent que les ouvrages compofés de laine, il n'y eft point fait mention de ceux de fil ni de ceux de coton; ainfi les bas de fil ou coton peuvent entrer par tous les bureaux de la Flandre & du Haynault, en conformité de la décifion du 19 février 1724, foit qu'ils foient deftinés pour le pays conquis, ou pour les Cinq groffes fermes.

Bas d'eftame & de laine, dont le tarif de 1667 a réglé les droits d'entrée à huit livres pour chaque douzaine de paires, grands & petits, ne peuvent, ainfi que les autres ouvrages de bonneterie étrangère, être introduits dans le royaume, que par les ports de Calais & Saint-Valery, à peine de confiscation, tant des marchandises que des équipages, & de cinq cens livres d'amende, aux termes des arrêts des 20 avril 1700, & 3 mai 1720 ; en sorte que l'on n'en doit point admettre l'entrée par le pays conquis, même pour la destination de ce pays, suivant la décision du 26 juillet 1720.

Défendus.   BAS & autres ouvrages de bonneterie de toutes sortes, fabrique d'Angleterre & pays en dépendans. *Voyez* l'état des Marchandises défendues à l'entrée.

BAS & autres ouvrages de bonneterie, fabrique du royaume, allant directement à l'étranger, sont exempts des droits de sortie, en remplissant les formalités prescrites par les règlemens cités sur le mot *Bonneterie* . . . . *Néant.*

Trois livres.   BASANES tannées, comme peaux de moutons passées en blanc, jaune ou autres couleurs, façon de chamois. *Voyez* Chamois, ou Peaux de chevreaux & de moutons, la douzaine de peaux.

BASINS. *Voyez* BOMBASINS.

BATEAUX neufs, la pièce, par ordre du Conseil du 6 mai 1713 . . . .   *Deux liv.*
                                                                                    dix sols.

> *Nota.* Il y a deux ordonnances rendues par M. l'Intendant du Haynault, les 19 mai 1743, & 14 septembre 1749, pour arrêter le cours de la fraude qui se faisoit nuitamment, tant à Givet que dans les fossés & ouvrages de la ville de Valenciennes, par le moyen des bateaux ou barques.
>
> Il y en a une troisième rendue par M. l'Intendant de Flandre, le 15 juin 1749, pour les barques ou bateaux qui se trouvent, non seulement sur les rivières de la Lys & de l'Escaut, mais encore sur les canaux de Furnes, Mardick, Bourbourg & Bergues.

BAYE ou Bayettes. *Voyez* ÉTOFFES.

BDÉLIUM.

8

BDÉLIUM. *Voyez* l'état des Marchandises du Levant.

Douze liv. BESTIAUX, favoir bœufs & vaches, gras ou maigres, doivent aux entrées de la Flandre maritime, & de la Flandre Walonne, par arrêts des 14 août & 23 novembre 1688, la pièce.

Nota. 1°. La province du Haynault n'étant point comprife dans les arrêts ci-deffus, les beftiaux qui entrent dans cette province par les bureaux du Blammifferon, de Valenciennes & autres du département du Haynault, jouiffent de l'exemption portée au tarif de 1671, à l'entrée, fuivant le jugement contradictoire de M. de Bagnols Intendant, du 29 janvier 1700, rendu fur le fondement des arrêts dont il s'agit.

Nota. 2.° Les beftiaux de toute nature font exempts généralement à toutes les entrées, jufqu'au premier janvier 1754, par arrêt du 16 janvier 1753, au moyen de quoi l'exécution des arrêts des 14 août & 23 novembre, fe trouve fufpendue.

Nota. 3.° La fortie des beftiaux eft défendue en général, par arrêt du 7 juin 1740. *Voyez* l'état des Marchandifes défendues.

Nota. 4.° Cet arrêt du 7 juin contient une exception au fujet des bœufs & vaches de la Flandre Françoife; il en permet la fortie pour les châtellenies d'Ypres & de Furnes, en payant les droits du tarif de 1671; ce qui doit être exécuté dans les bureaux de fortie qui confinent à ces châtellenies feulement, à moins qu'il n'y eût des ordres particuliers, ou des ordonnances de M.rs les Intendans, qui défendiffent la fortie des bœufs & vaches, par rapport à la difette.

Nota. 5.° La fortie des bœufs, veaux & moutons deftinés pour la confommation de Dunkerque, eft auffi permife, même en exemption de droits, fuivant l'arrêt du 20 juillet 1700.

Six livres. BEURRES, de quelque pays qu'ils viennent, doivent à l'entrée du royaume, par arrêts des 4 mai 1688, 28 octobre 1692, & 21 juin 1695, le cent pefant.

B

Nota. 1.º Les beurres d'Angleterre, d'Ecoſſe & d'Irlande, n'étant point au rang des Marchandiſes permiſes par l'arrêt du 6 ſeptembre 1701, ſont cenſés prohibés aux termes de la déciſion du Conſeil du 21 ſeptembre 1742; mais par arrêt du 27 novembre ſuivant, il fut permis de les introduire dans le royaume pendant une année, en payant ſeulement une livre du cent peſant; permiſſion & modération qui ont été ſucceſſivement prorogées d'année en année par différens arrêts, & en dernier lieu par celui du 20 juillet 1751, juſqu'à ce qu'il en ſoit autrement ordonné.

Nota. 2.º Cette modération de ſix livres à une, a été étendue à tous les autres Beurres étrangers, par les ordres qui ont été ſucceſſivement donnés pour l'exécution des arrêts rendus en faveur des beurres d'Angleterre, d'Ecoſſe & d'Irlande; ce qui ſuſpend l'exécution des arrêts de 1688, 1692 & 1695.

Nota. 3.º Les Beurres du cru de Hollande ſont ſujets au droit d'une livre, depuis l'arrêt du 31 décembre 1745, portant révocation des privilèges des Hollandois.

Nota. 4.º Lorſque les Beurres ſont deſtinés pour les Colonies Françoiſes, ils ſont exempts du droit d'entrée. *Voyez* l'article des Marchandiſes deſtinées pour les Iſles, & celui des Marchandiſes deſtinées pour la Louiſiane.

Nota. 5.º Par déciſion du Conſeil du 14 ſeptembre 1752, les Religieuſes du couvent de Sainte Claire à Douay, celles du même ordre à Lille, & les Sœurs Colettes établies dans cette dernière ville, ont été déboutées de leur demande, en exemption des droits d'entrée ſur les beurres qu'elles font venir chaque année de la Flandre étrangère pour leur conſommation.

Nota. 6.º Les Beurres qui paſſent du pays conquis à Dunkerque, pour la conſommation des habitans, ſont exempts des droits de ſortie, ſuivant l'arrêt du

20 juillet 1700 ; mais il faut excepter le beurre en cuvette *Voyez* Marchandises envoyées à Dunkerque.

Dix sols. BIÉRE d'Angleterre, par arrêt du 6 septembre 1701, la bouteille.

> *Nota.* 1.° Le droit des bouteilles est dû indépendamment de celui ci-dessus, relativement à la décision du Conseil du 12 juin 1722 , dont il est fait mention à l'article des Bouteilles.

> *Nota.* 2.° Si la biére d'Angleterre venoit en futailles, elle feroit dans le cas d'être faisie, fuivant l'ordre du 11 juillet 1737, en conféquence d'une décision du Conseil.

BIÉRE destinée pour la verrerie royale établie dans la baffe ville de Dunkerque. *Voyez* l'article des Marchandises concernant cette ville.

BIJOUX. *Voyez* OUVRAGES D'ORFÉVRERIE.

BLÉ. *Voyez* GRAINS.

Dix livres. BOESTES de fapin peintes, dites de Nuremberg, doivent comme Mercerie, fuivant la décision du 10 juin 1743, le cent pefant.

BŒUFS. *Voyez* l'article des Bestiaux & celui des Chairs falées.

BOIS de toutes fortes. *Voyez* l'état des Marchandises dont la fortie est défendue.   *Défendu.*

> *Nota.* 1.° En conformité de la décision du 15 septembre 1738, le bois à brûler destiné pour la ville de Dunkerque, n'est pas compris dans la défenfe, parce que cette ville appartient au Roi ; mais le droit de fortie du tarif de 1671 en est dû.

> *Nota.* 2.° Les bois provenans de la terre de Zanzelle, enclavée dans le pays de Liége , appartenant à M. le Duc d'Orléans, peuvent être tranfportés à l'étranger , fuivant la décision du Conseil du 2 février 1732 ; mais cette décision ne portant

point exemption de droits, on doit les faire payer conformément au tarif, ainſi qu'on l'a preſcrit par ordre du 4 du même mois.

Cette permiſſion ne doit s'entendre que pour le bois de chauffage & à charbon, & non pour le bois propre à la charpente & autres ouvrages, ainſi que le Conſeil l'a décidé le 25 janvier 1741, au ſujet de la permiſſion accordée pour la ſortie des bois de Guiſe & du Clermontois.

Nota. 3.º Par arrêt du 15 octobre 1726, il a été permis aux habitans d'Hargnies, Vireux-les-Val-leraud, Haybes, la Maniſſe & des autres communautés ſituées ſous la juriſdiction de la Maîtriſe des eaux & forêts de Givet, de faire ſortir hors du royaume les bois & charbons provenans de la coupe de leurs bois communaux ſeulement : l'arrêt déroge à cet égard, à ceux des 18 août 1722, & 8 mars 1723, men-tionnés dans l'état des Marchandiſes dont la ſortie eſt défendue.

Les bois que ces communaux produiſent, & que l'on fait paſſer à l'étranger, conſiſtent en étançons ronds & épatés, en ſommiers, en bois à brûler, & en perches à houblon.

Les droits de ſortie en ſont dûs, ainſi que pour les charbons.

Nota. 4.º Dans le cas où les adjudicataires des coupes des forêts de Sa Majeſté, auroient obtenu la permiſſion de faire ſortir hors du royaume les bois provenans de leur adjudication, ils ſeroient tenus d'en payer les droits de ſortie, ſuivant l'arrêt du 17 janvier 1702.

Il n'en ſeroit pas de même s'ils les faiſoient paſſer à Dunkerque, pour le chauffage des habitans, il n'y auroit pas lieu à la perception de ces droits, relati-vement au même arrêt, & à ceux des 19 février & 23 août 1695 ; mais alors il faudroit que les bois fuſſent accompagnés d'un certificat du Greffier de la Maîtriſe particulière des eaux & forêts, pour conf-tater la qualité de l'adjudicataire, & que la déclaration faite au bureau de la baſſe ville, portât non ſeulement qu'ils proviennent de ſon adjudication, mais encore qu'ils font conduits & débités pour fon compte, fuivant la décifion du 24 juillet 1749.

Nota. 5.° Les trois efpèces de Bois ci-après expliquées, & non comprifes au tarif; allant de Revin & autres lieux à Liège, & dans les pays-bas par la Meufe, doivent au bureau de Givet les droits de fortie, fur le pied qu'ils ont été réglés par ordonnance de M. l'Intendant du Haynault, du 9 mars 1744.

Savoir,

Pour chaque cent d'étançons ronds, d'un pied de circonférence, & de feize à dix-huit pieds de longueur . . . . *Treize fols.*

Pour chaque cent d'étançons, dits *fplatis*, de feize à dix-huit pieds de longueur, équarris fur deux fais de douze à quinze pouces par le gros bout, & de fept à huit pouces d'épaiffeur . . . . *Deux liv.*

Pour chaque cent de perches à houblon, de fept à huit pouces de circonférence au deffus du gros bout . . . . *Dix-fept fols.*

Et à l'égard de ces trois efpèces de bois qui font de moindre groffeur & longueur, vulgairement dits *amoyennés*, les droits en font dûs à proportion, & relativement aux mefures ci-deffus.

Voyez cette ordonnance, elle prefcrit la forme des déclarations qui doivent être faites par les marchands de bois.

Défendus.   **Bois** merrain & Bois de teinture des Colonies Angloifes. *Voyez* l'état des Marchandifes défendues à l'entrée.

Bois d'acajou, doit être regardé comme marchandife des Ifles Françoifes, & conféquemment être admis dans l'entrepôt, d'où il peut enfuite fortir pour toute deftination étrangère, n'étant point dans le cas de la défenfe concernant la fortie des bois, fuivant la décifion du 3 juin 1751.

BOIS de buis. *Voyez* l'état des Marchandifes du Levant.

BOIS de grenadille, on ne doit point l'expédier pour l'ancienne France, fous la défignation de Bois de teinture, parce qu'il n'y fert en aucune manière, & qu'il eft Bois de marqueterie; ordre du 13 août 1744.

Quatre liv. BOMBASINS, futaines & bafins de toutes fortes & façons, fins, moyens & gros, par arrêt du 22 mars 1692, la pièce de quinze aunes de France.

> *Nota.* Quoique cet arrêt en ait fixé l'entrée par Rouen & Lyon, néanmoins étant regardés comme toilerie, il n'y a pas lieu de les traiter différemment; ainfi ils peuvent être introduits pour la confommation, foit du pays conquis, foit de l'ancienne France, en payant le droit ci-deffus, & en les expédiant pour cette dernière deftination, par les bureaux d'Amiens, Péronne & Saint-Quentin, relativement aux décifions du Confeil des 23 juillet 1713, 7 feptembre 1715, & 11 avril 1753, rapportées à l'article des Toiles.

BONNETS de laine de toute forte, autres que d'Angleterre, dont le tarif de 1667 a fixé les droits à vingt livres le cent pefant, ne peuvent entrer que par Calais & Saint-Valery, fous les peines portées par les règlemens cités fur le mot *Bas d'eftame & de laine.*

Défendus. BONNETS de laine, fabrique d'Angleterre. *Voyez* l'état des Marchandifes défendues à l'entrée.

Cinq pour cent de la valeur. BONNETS de coton, l'obfervation faite à l'article des Bas de coton & de fil, leur eft commune, ils peuvent entrer par tous les bureaux indiftinctement, en payant comme Marchandifes omifes au tarif.

BONNETERIE de France, allant directement à l'étranger, est exempte des droits de sortie, en remplissant les formalités prescrites par l'arrêt du 13 octobre 1743, & les lettres patentes du 22 décembre de la même année, l'arrêt & les lettres patentes du 10 octobre 1744, mentionnés à l'article des marchandises du royaume qui peuvent passer à l'étranger en exemption de droits . . . . *Néant.*

BORDURES, quadres & moulures de peintures & tableaux. *Voyez* PEINTURES.

BOUGRAN, doit jouir comme toile, de l'exemption des droits de sortie pour l'étranger, suivant la décision du 17 avril 1752, en observant les formalités prescrites par les règlemens cités à l'article des marchandises du royaume qui peuvent passer à l'étranger en exemption de droits . . . . *Néant.*

Néant. BOURRE à faire lits, est une laine qui, quoique grossière, doit jouir de l'exemption accordée par l'arrêt du 12 novembre 1749, suivant la décision du 12 février 1750.

Dix livres. BOUTEILLES de verre, doubles & simples, autres que d'Angleterre, à toutes les entrées, par arrêt du 14 août 1688, le cent pesant.

Vingt livres. BOUTEILLES d'Angleterre, & pays en dépendans, par arrêt du 6 septembre 1701, le cent pesant.

> *Nota.* 1.º Les Bouteilles qui entrent par le bureau de la basse ville de Dunkerque, sont réputées venir d'Angleterre, à moins qu'il ne soit justifié qu'elles ont été fabriquées à Dunkerque, ou qu'elles viennent de quelqu'autre pays étranger, suivant la décision du Conseil du 6 mai 1752.

> *Nota.* 2.º Lorsque les Bouteilles venant de l'étranger, contiennent du vin & autres liqueurs, les droits d'entrée sont dûs séparément, pour les bouteilles &

pour ce qu’elles contiennent, fuivant la décifion du Confeil du 12 juin 1722.

Nota. 3.° Chaque Bouteille ou carafon, doit contenir pinte, mefure de Paris, & ne peut être au deffous du poids de vingt-cinq onces, les demis & quarts à proportion; quant aux Bouteilles ou carafons doubles & au deffus, ils doivent auffi être d’un poids proportionné à leur grandeur, fous peine de confifcation, & de deux cens livres d’amende contre ceux qui en introduiroient dans le royaume qui ne feroient pas de ce poids & de cette jauge; à l’exception des bouteilles remplies de vins de liqueurs, ou de liqueurs fortes, conformément à la déclaration du Roi du 8 mars 1735, articles II & IV, & à l’arrêt du 23 août de la même année.

Bouteilles de gros verre, provenant des verreries de Flandre & du Haynault, par arrêt du 18 février 1727, la douzaine . . . . *Deux fols.*

Nota. 1.° Pour favorifer le commerce & la fortie des vins & liqueurs du royaume, il a été décidé le 21 avril 1735, qu’il ne fera point perçû de droits fur les Bouteilles pleines; qu’on fe contentera de faire payer les droits dûs fur les vins ou liqueurs; & qu’on n’en exigera fur les bouteilles que lorfqu’elles fortiront vuides, ou qu’elles ne feront remplies que d’eau ou de liqueur non fujette aux droits.

Nota. 2.° Par arrêt du 31 juillet 1736, les Bouteilles qui proviennent de la verrerie du fieur Claverye, établie dans la baffe ville de Dunkerque, & qui paffent dans la ville haute, font exemptes du droit de fortie, jufqu’à l’expiration du privilege accordé pour l’établiffement de cette verrerie, par lettres patentes du 23 novembre 1732, c’eft-à-dire, jufqu’au 21 juillet 1763.

Le Confeil par décifion du 7 juin 1752, a accordé la même exemption aux bouteilles provenant de la verrerie du fieur Colnet, auffi établie dans la baffe ville de Dunkerque.

Par

Quinze sols. BOUTONS d'or & d'argent faux, à l'entrée, conformément au tarif de 1671, la livre.

Par autre décision du Conseil, du 28 janvier 1753, cette exemption a pareillement été accordée aux Bouteilles provenant de la verrerie du sieur Boussemart, établie à Lille.

Deux liv. dix sols. BOUTEILLES de grès, à toutes les entrées, par arrêt du 22 septembre 1714, le cent pesant.

Défendus. BOUTONS de toute sorte, fabrique d'Angleterre & pays en dépendans. *Voyez* l'état des Marchandises défendues à l'entrée.

Une livre dix sols. BOUTONS d'or & d'argent fin, à l'entrée, conformément au tarif de 1671, la livre.

Et à la sortie par le tarif de 1671, & l'arrêt du 3 juillet 1692, la livre . . . . *Dix sols.*

Quinze sols. BOUTONS de soie, à l'entrée, conformément au tarif de 1671, la livre.

Et à la sortie, par le même arrêt du 3 juillet 1692, la livre . . . . *Cinq sols.*

BOUTONS d'or & d'argent faux, par le même arrêt du 3 juillet 1692, la livre. . . . . *Cinq sols.*

Nota. Les droits de sortie des boutons, doivent être perçûs sur le poids des boutons, y compris les bois & cartons, suivant les décisions des 29 mai 1738 & 2 juin 1741.

Quinze liv. BOUTONS de fil & laine, verre & rocaille, à toutes les entrées, par arrêt du 3 juillet 1692, le cent pesant.

Quinze liv. BOUTONS de crin, à toutes les entrées, par arrêt du 28 octobre 1713, le cent pesant.

Défendus. BOUTONS d'étoffe de crin, faite au métier. *Voyez* l'état des Marchandises défendues à l'entrée.

Dix livres. BOUTONS étamés, comme mercerie, par décision du 21 janvier 1743, le cent pesant.

Défendus. BOUTONS de métal, ou cuivre poli ou doré. *Voyez* l'état des Marchandises dont l'entrée est défendue.

BRAY sec, la sortie en avoit été défendue par arrêt du 20 novembre 1714, mais elle a été permise par autre arrêt du 17 décembre 1715, en payant les droits du tarif de 1671, qui sont de sept sols six deniers le cent pesant, à l'article de la Poix noire.   *Sept sols six deniers.*

> *Nota.* Le Bray sec appelé *spalme*, dont la manufacture est établie à Carrières Saint-Denys près Chatou, aux environs de Paris, a été exempté des droits de sortie des Cinq grosses fermes, par lettres patentes du 14 juin 1750, soit qu'il soit destiné pour les provinces réputées étrangères, soit qu'il le soit pour l'étranger: mais pour jouir de cette exemption, qui a été accordée pour vingt années, il faut suivant la décision du 26 octobre 1752, que tous les barrils qui renferment le *spalme* soient marqués d'une marque à feu, qui a pour empreinte trois fleurs de lys, entourées de cette légende *Manufacture Royale du spalme:* qu'ils soient accompagnés d'un certificat du sieur Jacques directeur de cette manufacture, ou du sieur Loyseau, qui tient magasin de ce *spalme* à Paris, & qu'il y ait sur le certificat une empreinte pareille à celle qui se trouve sur les barrils, afin de justifier que le *spalme* provient de la manufacture dont il s'agit.

BRAY gras. *Voyez* l'état des Marchandises défendues à la sortie.   *Défendu.*

Défendu. BRAY ou Gaudron venant d'Angleterre, ou des Colonies Angloises. *Voyez* l'état des Marchandises défendues à l'entrée.

Trois livres. BRIQUETS ou Battefeux, sur lesquels la lime n'a point passé, doivent comme Quincaillerie & non comme Mercerie, suivant les décisions des 8 octobre 1736, 6 mai 1737, 6 février 1738, & 21 janvier 1743, le cent pesant.

Cacao des Ifles. Le droit de dix livres le cent
pefant, eft dû indépendamment de celui du domaine
d'Occident.

Nota. S'ils fe trouvoient mêlés avec de la mercerie, ils payeroient en ce cas comme mercerie.

BRIQUES de Deulemont; le droit de fortie n'en doit être perçû que fur le pied de trois fols par millier, fuivant la décifion du Confeil du 28 avril 1753. *Trois fols.*

BRIQUES deftinées pour Dunkerque. *Voyez* l'article des Marchandifes envoyées à Dunkerque.

Défendues. BRODERIES. *Voyez* l'article des MOUSSELINES, dans l'état des Marchandifes défendues à l'entrée.

Quarante livres. BUFFLES, E'LANS, & CERFS paffés en Buffles, collets & colletins de Buffle, même ceux venant de Hollande, depuis l'arrêt du 31 décembre 1745, qui a révoqué les privilèges des Hollandois, le cent pefant, à toutes les entrées, par le tarif de 1667.

BUFFLES dits E'carts, & Bufflins du Levant. *Voyez* l'état des Marchandifes du Levant.

BURAIL.
BURE ou BUGLE. } *Voyez* E'TOFFES.

C

CABLES & CORDAGES. *Voyez* l'état des Marchandifes défendues à la fortie . . . . *Défendus.*

Cinq pour cent, & quinze fols de la livre. CACAO étranger, doit cinq pour cent de la valeur, comme Marchandife omife au tarif, & en outre quinze fols pour chaque livre pefant, fuivant les arrêts des 12 mai 1693 & 20 décembre 1729.

Dix livres. CACAO des Ifles françoifes de l'Amérique, par l'article XIX des lettres patentes du mois d'avril 1717, le cent pefant.

Nota. 1.º Il ne faut point examiner fi le Cacao

eſt du crû des Iſles ou de Carak, il ſuffit qu'il vienne des Iſles par les vaiſſeaux de retour, pour ne devoir que le droit des lettres patentes de 1717, conformément à l'arrêt du 20 décembre 1729, & à la déciſion du 5 octobre 1733.

Nota. 2.º Le Cacao provenant de la traite des Nègres, ne doit que moitié droit, ſuivant les lettres patentes du mois de janvier 1716.

Nota. 3.º Le Cacao broyé & en pâte, doit être regardé comme Chocolat, & payer les droits ſur le même pied, ainſi que le Conſeil l'a jugé par déciſion du 6 août 1744, & par arrêt du 15 juin 1751.

Défendus. CAFÉS, autres que ceux provenans des ventes de la Compagnie des Indes, ou des Iſles françoiſes de l'Amérique, ne peuvent entrer dans le royaume. *Voyez* l'état des Marchandiſes défendues à l'entrée.

Dix livres. CAFÉS des ventes de la Compagnie des Indes, par arrêt du 29 mai 1736, le cent peſant poids de marc brut.

Nota. 1.º Ces Cafés peuvent être déclarés au bureau du Port-Louis, ou pour l'entrepôt de la baſſe ville de Dunkerque, ou pour aller dans le pays conquis, en paſſant par Dunkerque, ou pour la haute ville de Dunkerque. Au 1.er cas les Commis du Port-Louis les plombent, & les expédient par acquit à caution : Au 2.e cas, ils en perçoivent le droit de dix livres du cent peſant, les plombent & les expédient par acquit de payement; dans l'un & l'autre cas, les acquits font mention de l'emprunt de paſſage par le port de Dunkerque, avec cette condition que les Cafés feront conduits au bureau de la baſſe ville, tout de ſuite & ſans ſéjour dans la haute ville, moyennant quoi ils ſont admis & reconnus au bureau de la baſſe ville de Dunkerque; mais il en feroit autrement, ſi la condition n'avoit pas été exécutée, on ne pourroit plus alors les reconnoître ni les admettre, ils ſeroient regardés comme étrangers : Au 3.e cas, le droit de dix livres du cent pefant fe perçoit au bureau du Port-Louis, & l'on en délivre un acquit de payement, dans lequel on fait mention que les Cafés font deftinés pour la haute ville de Dunkerque, mais les balles qui contiennent ces Cafés ne font pas plombées, en forte que fi les Cafés ainfi expédiés fe préfentoient au Bureau de la baffe ville de Dunkerque pour l'entrepôt, ou pour paffer dans le pays conquis, ils feroient cenfés étrangers, & comme tels ils ne pourroient être reconnus ni admis, le tout relativement à l'arrêt du 29 mai 1736, & à la décifion du 10 octobre 1752.

Nota. 2.° Quoique la Compagnie des Indes ait le privilège exclufif de l'introduction & de la vente des Cafés, autres que des Ifles françoifes, néanmoins elle n'eft pas en droit de donner des paffeports pour introduire dans le Royaume le Café du Levant qui vient par la voie de Marfeille, il n'y peut entrer que fur des permiffions par écrit de M. le Contrôleur Général, conformément à la décifion du Confeil du 22 juin 1740.

Nota. 3.° *Voyez* les obfervations fur le Café des Ifles ; elles font communes aux Cafés provenant des ventes de la Compagnie des Indes.

Dix livres. CAFÉ des Ifles françoifes de l'Amérique, par l'arrêt du 29 mai 1736 ; le cent pefant poids de marc brut.

Nota. 1.° Le commerce de ce Café eft libre ; tous les Négocians François peuvent l'introduire dans le Royaume par les ports défignés dans l'arrêt ci-deffus & dans celui du 6 feptembre 1740, du nombre defquels eft Dunkerque.

Nota. 2.° Le droit de dix livres eft dû indépendamment de celui du Domaine d'Occident, fuivant l'article premier de l'arrêt du 29 mai 1736.

Nota. 3.° La règle établie pour les Cafés des ventes de la Compagnie des Indes, deftinés pour le Pays conquis, en paffant par Dunkerque, ou pour la haute ville de Dunkerque, doit s'obferver pour

le Café des Ifles, auquel on donne les mêmes deſtinations dans les ports de l'enlèvement, ſuivant la déciſion du 18 août 1749.

Nota. 4.º Le Café des Ifles, & celui qui provient
des ventes de la Compagnie des Indes, jouiſſent du
bénéfice de l'entrepôt & de la faculté du *tranſit* pour
la deſtination étrangère, pendant le temps réglé par
l'arrêt du 29 mai 1736, & par celui du 18 décembre
de la même année.

Nota. 5.º Dans le cas où les Négocians voudroient
retirer de l'entrepôt de la baſſe ville de Dunkerque,
une partie de Café provenant, ſoit des ventes de la
Compagnie des Indes, ſoit des Ifles françoiſes de l'A-
mérique, pour la conſommation de la haute ville,
ils feroient tenus d'en payer le droit de dix livres du
cent peſant, ſuivant deux déciſions, l'une du 16 février 1739, concernant le Café des ventes de la Compagnie des Indes ; & l'autre, du Conſeil, du 18 janvier 1740, concernant le Café des Ifles.

Nota. 6.º Le *tranſit* des Cafés des Ifles, & de ceux
de la Compagnie des Indes, n'ayant été accordé que
pour la deſtination étrangère, il s'enſuit que ſi ces
Cafés étoient retirés de l'entrepôt à la deſtination du
Canada ou de toute autre Colonie françoiſe, ils
feroient ſujets au droit de dix livres du cent peſant,
la conſommation qui ſe fait au Canada, ou dans les
autres Colonies françoiſes, étant regardée comme
faite dans le Royaume, conformément à la déciſion
du 4 juillet 1743.

Nota. 7.º Les Cafés des Ifles provenant de la traite
des Nègres, ne jouiſſent point de la modération de
moitié des droits, ſuivant l'article premier de l'arrêt
du 29 mai 1736.

Nota. 8.º La permiſſion accordée par arrêt du 2
avril 1737, aux Négocians de Marſeille, d'introduire pour la conſommation du Royaume les Cafés
du crû des Ifles françoiſes, a été révoquée par autre
arrêt du 28 octobre 1746 ; parce que cette permiſſion
ſervoit de prétexte pour faire paſſer journellement

dans l'intérieur du Royaume des Cafés du Levant,
fous la fauſſe dénomination de *Café des Iſles*.

Néant. CALAMINE, étant matière premièrc, ne doit aucun
droit à l'entrée du Pays conquis, quoique non
compriſe au tarif de 1671, toutes les matières premières étant tirées à *néant* dans ce tarif. Décifion
du Conſeil du 26 ſeptembre 1740.

> *Nota.* Elle a été tirée de la claſſe des Drogueries,
> par autre décifion du Conſeil du 13 décembre 1752.

CAMELOTS. *Voyez* ETOFFES.

Dix livres. CANNES non montées, Jets & Roſeaux, comme
Mercerie, par décifion du Conſeil du 24 août
1722, le cent peſant.

CARACTERES d'Imprimerie. *Voyez* LIBRAIRIE.

CARDAMOMUM. *Voyez* l'état des Marchandiſes
du Levant.

CARDES, Drouſſettes, & Rots de Canne. *Voyez*   *Défendus.*
i'état des Marchandiſes défendues à la ſortie.

CARET. *Voyez* ECAILLE de tortue.

CARIZELS *ou* CREZEAUX. *Voyez* ETOFFES.

Vingt livres. CARREAUX de Fayence, doivent, comme Fayence,
ſuivant les arrêts cités à la lettre *F*, le cent peſant
à toutes les entrées.

Dix livres. CARTES à jouer, à l'entrée comme Mercerie, par
arrêt du 3 juillet 1692, le cent peſant.

> *Nota.* Par décifions du Conſeil des 21 juin 1752,
> & 23 mars 1753, les Marchands Cartiers établis en
> la haute ville de Dunkerque ont été déboutés de leur
> demande, tendante à l'exemption de ce droit pour les
> Cartes de leur fabrique qu'ils envoient dans la Flan-
> dre Françoiſe.

Et à la ſortie, ſoit pour le pays étranger, par arrêts des
24 décembre 1701 & 2 avril 1702, ſoit pour

Marſeille, Bayonne & Dunkerque, par arrêts des 3 octobre 1702 & 23 octobre 1703, ſoit pour Metz, Toul & Verdun, par autre arrêt du 23 décembre 1704. . . . . *Néant.*

CARTES géographiques. *Voyez* LIBRAIRIE.

Néant. CARTONS à l'entrée, par déciſion du 23 juin 1725, relativement au tarif, ſous le mot PAPIER.

Et à la ſortie, pour les deſtinations mentionnées ſur l'article des Cartes à jouer, en conformité des règlemens qui y ſont cités. . . . . *Néant.*

Une livre. CASSE venant des Iſles françoiſes de l'Amérique, par les lettres patentes du mois d'avril 1717, le cent peſant.

Et lorſqu'elle provient de la traite des Nègres, moitié droit, par les lettres patentes du mois de janvier 1716.

CASSE du Levant. *Voyez* l'état des Marchandiſes du Levant.

CASTORS, ne peuvent entrer que pour le compte de la Compagnie des Indes. *Voyez* l'état des Marchandiſes défendues à l'entrée. *Voyez auſſi* celui des Marchandiſes défendues à la ſortie.

CAZÉE. *Voyez* ÉTOFFES de laine.

> *Nota.* Ceux qui fabriquent cette ſorte d'étoffe dans les quatre lieues du Hainault françois, limitrophes à l'étranger, ſont tenus de ſe conformer aux diſpoſitions de l'arrêt du 6 juillet 1749.

Dix livres. CEINTURONS, qui ne ſont point garnis de ſoie ni d'argent fin ou faux, doivent comme Mercerie, par déciſion du 12 novembre 1731, le cent peſant.

Cinq pour cent de la valeur. Mais s'ils en ſont garnis, ils doivent comme Marchandiſe omiſe au tarif, ſuivant la même déciſion.

CEINTURONS

C ASSE *ou* C ANEFICE des Ifles. Le droit d'une
livre le cent pefant, fixé par l'article X I X des
lettres patentes de 1717, eft dû indépendamment
de celui du domaine d'Occident.

Cendres de Houille. L'exemption accordée par
l'arrêt du 12 mars 1745, étoit particulière aux
cendres de houille qui étoient deftinées pour le
Pays conquis; mais un autre arrêt du 23 octobre
1753, l'a rendue générale, il y a même compris
les fumiers & autres matières fervant uniquement
à l'engrais des terres; il les décharge de tous
droits, tant à leur entrée dans le Royaume, qu'en
paffant des provinces réputées étrangères dans
celles des Cinq groffes fermes, ou des provinces
des Cinq groffes fermes dans celles réputées étrangères; mais il ordonne que l'on continuera de
percevoir les droits de fortie fur les cendres de
houille, fumiers & autres matières dont il s'agit,
lorfqu'on les fera paffer à l'étranger.

	C E I N T U R O N S de Bufle. *Voyez* l'état des Marchandifes défendues à la fortie. — **Défendus.**

C E I N T U R O N S de Bufle. *Voyez* l'état des Marchandifes défendues à la fortie. · · · · · · · · · · · · · · · · · · *Défendus.*

C E N D R E S du Levant. *Voyez* l'état des Marchandifes du Levant.

Défendus. C E N D R E S de Varech. *Voyez* l'état des Marchandifes défendues à l'entrée.

Deux & demi pour cent. C E N D R E S de Chaux, à l'entrée, par arrêt du 12 mars 1745, deux & demi pour cent de la valeur.

Et à la fortie, par ordonnance de M. de Bagnols Intendant, du 4 avril 1699, comme Marchandife omife au tarif. · · · · · · · · · · · · · · · · · *Cinq pour cent de la valeur.*

> *Nota.* Cette ordonnance a été confirmée par celle de M. de Séchelles, du 28 août 1745, rendue contre les Marchands Chaufouriers de la ville de Tournay qui faifoit alors partie de la Flandre françoife.

Néant. C E N D R E S de Houille, à l'entrée, par l'arrêt du 12 mars 1745.

Et à la fortie, cinq pour cent de la valeur, comme Marchandife omife au tarif. · · · · · · · · · · · *Cinq pour cent.*

Néant. C E N D R E S de Tourbes, à l'entrée, par décifion du 20 mai 1746.

Et à la fortie, cinq pour cent de la valeur, comme Marchandife omife au tarif. · · · · · · · · · · · *Cinq pour cent.*

C E R C L E S à Tonneaux. *Voyez* l'état des Marchandifes défendues à la fortie. · · · · · · · · · · · · *Défendus,*

C É R U S E, n'eft réputée d'Angleterre, ni conféquemment défendue à l'entrée que lorfqu'elle vient fur des vaiffeaux Anglois, fuivant l'ordre du Confeil du 26 août 1714.

> *Nota. Voyez* P L O M B.

C H A G R I N. *Voyez* l'état des Marchandifes du Levant.

Cinq livres. C H A I R S falées de toute forte, comprifes celles

D

d'Angleterre & d'Irlande , par arrêts des 29 juin
1688 & 6 feptembre 1701 , le cent pefant.

Nota. 1.º Le Bœuf falé d'Irlande doit les droits
fur le poids brut, fans aucune déduction pour la
faumure ni pour les barrils qui le contiennent , conformément à la décifion du Confeil du 4 mars 1738.
Cette décifion, relative à l'ordonnance de 1687,
titre 1ᵉʳ, article II, s'applique aux Chairs falées
venant des autres pays étrangers.

Nota. 2.º Le Bœuf falé venant des pays étrangers,
eft exempt de droits lorfqu'il eft deftiné pour les
Colonies françoifes & pour la Louifiane , conformément aux lettres patentes du mois d'avril 1717,
article XI, & à l'arrêt du 30 novembre 1751.

Nota. 3.º L'article XXVIII du titre xv de
l'ordonnance des Gabelles du mois de mai 1680 ,
défend l'entrée des Chairs falées dans les provinces
fujettes à la Gabelle, à peine de confifcation & de
trois cens livres d'amende : Défenfe qui comprend
également les Chairs falées des provinces réputées
étrangères, comme celles des pays étrangers, mais qui
ne s'étend pas aux jambons de Bayonne & de Mayence,
aux cuiffes d'oie & aux langues qui peuvent y entrer
en vertu d'un paffeport du Fermier, fuivant le même
article de l'ordonnance, l'arrêt du 19 juin 1691 &
l'article CCXV du bail de Forceville.

Nota. 4.º Les lards & autres falaifons ne peuvent
fortir du Royaume ; mais les jambons ne font pas
compris dans cette défenfe. *Voyez* l'état des Marchandifes défendues à la fortie.

Trois livres. CHAMOIS, ou Peaux de chevreaux & de moutons
habillées en blanc , jaune ou autres couleurs, façon
de Chamois , à toutes les entrées, par le tarif de
1667, & par les arrêts des 15 mars & 10 mai
1689, la douzaine de Peaux.

CHANDELLES. *Voyez* Marchandifes deftinées pour
les Ifles. *Voyez auffi* Marchandifes deftinées pour
la Louifiane.

Nota. Elles ne font réputées d'Angleterre, ni conféquemment défendues à l'entrée, que lorfqu'elles viennent fur des vaiffeaux Anglois, fuivant l'ordre du Confeil du 26 août 1714.

Néant.   CHANVRES en maffe & non apprêtés, par arrêt du 12 novembre 1749, à toutes les entrées.

Et à la fortie. *Voyez* l'état des Marchandifes défendues.   *Défendus.*

Nota. 1.º *Voyez auffi* l'article des Marchandifes deftinées pour les Ifles françoifes de l'Amérique.

Nota. 2.º Le Chanvre n'eft réputé d'Angleterre, ni conféquemment défendu à l'entrée, que lorfqu'il vient fur des vaiffeaux Anglois, fuivant l'ordre du Confeil du 26 août 1714.

Vingt livres. CHAPEAUX de Caftor, à toutes les entrées, par arrêt du 14 août 1688, la pièce.

Huit livres. CHAPEAUX demi-Caftor, à toutes les entrées, par arrêt du 3 juillet 1692, la pièce.

Dix-huit liv. CHAPEAUX de Vigogne & demi-Vigogne, à toutes les entrées, par le même arrêt de 1692, la douzaine.

Douze livres. CHAPEAUX de Feutre, de toute forte de laine, poil & façon, à toutes les entrées, par le même arrêt, la douzaine.

Défendus. CHAPEAUX des fabriques d'Angleterre & pays en dépendans. *Voyez* l'état des Marchandifes défendues à l'entrée.

Nota. Les Chapeaux de toute efpèce, fabriqués dans le Royaume, & que l'on envoie directement à l'étranger, font exempts de tous droits de fortie, par arrêt du 19 novembre 1743, aux conditions portées par les règlemens cités fur le mot *Bonneterie.*

CHARBON de Bois. *Voyez* l'état des Marchandifes défendues à la fortie.   *Défendu.*

Nota. Le Charbon provenant des bois de la Terre de Zanzelle, & de certains communaux, peut être tranſporté à l'étranger en payant les droits, ſuivant les déciſions citées à l'article du *Bois*.

Six livres. CHARBON de terre des mines de l'Iſle royale , par arrêt du 14 juin 1729, le tonneau du poids de cinq mille deux cens cinquante livres.

Une livre dix ſols. CHARBON de terre d'Angleterre & autres pays étrangers, excepté celui du Haynault autrichien, par arrêts des 3 juillet 1692 , 6 ſeptembre 1701 & 6 juin 1741 , le barril de deux cens cinquante livres, poids de marc.

> *Nota.* 1.º Suivant l'arrêt du 10 mars 1750 , les Entrepreneurs des Verreries établies dans la baſſe ville de Dunkerque ne peuvent ſe ſervir que du Charbon de terre provenant des mines du Royaume; il leur eſt expreſſément défendu d'employer celui d'Angleterre ou autre Charbon étranger, ſous quelque prétexte que ce puiſſe être, ainſi il n'en peut entrer pour leur compte.

> *Nota.* 2.º *Voyez* l'article des Marchandiſes qui viennent de Dunkerque.

Cinq ſols. CHARBON de terre du Haynault autrichien deſtiné pour le Pays conquis , par arrêt du 21 décembre 1700 , le barril.

> *Nota.* 1.º Le barril eſt de trois cens livres, poids de marc , ainſi qu'il réſulte de l'arrêt du 19 juin 1703 , & de celui du 8 novembre 1723.

> *Nota.* 2.º La chevalée de Charbon de terre eſt évaluée au poids d'un barril, ſuivant la vérification qui en a été faite en 1713.

> *Nota.* 3.º Le Charbon de terre paſſant de Mons à Tournay, Gand & autres villes de la Flandre autrichienne ou du Haynault autrichien, par Condé, ſur les rivières de Haiſne & de l'Eſcaut, ne doit pour *tranſit* que deux ſols ſix deniers par barril de trois cens livres, poids de marc, ſuivant l'arrêt du 8 novembre 1723 , & les déciſions des 29 novembre 1723 & 29 mars 1746; mais on doit l'expédier par acquit

à caution, pour en assurer la sortie hors des terres du Roi.

Nota. 4.º En conformité de l'ordonnance de M. de Meliand, du 18 mai 1729, il a été remis deux demi-barrils étalonnés, l'un au greffe, & l'autre au bureau de Condé, pour prévenir les fausses déclarations sur le Charbon de terre, dont les bateaux sont chargés, & être en état d'en faire la vérification lorsque le cas le requerra.

Nota. 5.º Par ordre du 26 juin 1723, donné en conséquence d'une décision du Conseil, & renouvelé le 28 mars 1746, les commis du bureau de Condé sont autorisés à faire un crédit de trois mois aux bateliers, pour le payement des droits, afin de faciliter le commerce & la navigation du Charbon.

Nota. 6.º Si le Charbon de terre, passé de Mons à Tournay en *transit*, étoit ensuite voituré par terre de Tournay à Lille & châtellenie, soit pour la consommation de la Flandre françoise, soit pour retourner dans le Haynault autrichien, il ne seroit dû aux bureaux de Baisieux, Lille & autres premiers bureaux d'entrée, que deux sols six deniers par barril, par supplément du droit de cinq sols, conformément à l'arrêt du 8 novembre 1723.

CHARBON de terre du Haynault françois, doit à la sortie, suivant le tarif de 1671, deux sols par wague de cent quarante - quatre livres, poids de Lille. . *Deux sols.*

Nota. 1.º Celui qui provient des mines de Fresne situées près de Condé, ou des mines d'Anzin situées près de Valenciennes, est exempt du droit de sortie par décision du Conseil du 23 novembre 1748, jusqu'au premier juillet 1760, temps auquel le privilège accordé pour l'exploitation de ces mines, & prorogé par arrêt du 29 mars 1735, se trouve limité.

Nota. 2.º Celui qui se tire des mines ouvertes au vieux Condé, & dans le territoire de Hergnies, doit jouir de la même exemption, jusqu'à pareil temps, relativement aux arrêts des 14 octobre 1749 & 20 avril 1751.

CHARDONS fervant à l'apprêt des draps & ouvrages de bonneterie, par arrêt du 21 décembre 1715, la balle de cent cinquante livres pefant. . . . . . . *Quatre liv.*

CHAUSSONS de laine ou eftame, ne peuvent entrer dans le Royaume que par Calais & Saint-Valery, fuivant les règlemens cités à l'article des *Bas*.

CHAUX, par arrêt du 31 mai 1707, la croix de dix paniers, mefure de Tournay, faifant vingt-cinq paniers ou mannes de Saint-Omer. — *Une livre dix fols.*

CHEMISES. *Voyez* TOILES.

Dix livres. CHEVAUX d'Angleterre, du prix de quatre-vingt-dix livres & au deffous, par arrêt du 6 feptembre 1701, chaque Cheval.

Vingt livres. Et au-deffus de quatre-vingt dix livres, par le même arrêt.

> *Nota. Voyez* l'état des Marchandifes défendues à la fortie.

Une livre un fol. CHOCOLAT, outre le droit du tarif, d'un fol par livre, doit vingt fols auffi par livre, fuivant l'arrêt du 12 mai 1693.

> *Nota.* 1.º S'il en venoit des Ifles françoifes de l'Amérique, où l'on peut en fabriquer, il feroit fujet à ces droits, conformément à la décifion du 16 mai 1749.
>
> *Nota.* 2.º Le Cacao broyé & en pâte doit les droits comme Chocolat. *Voyez* l'article du CACAO.

Défendu. CIDRE d'Angleterre. *Voyez* l'état des Marchandifes dont l'entrée eft défendue.

Vingt livres. CIRE blanche d'Angleterre & autres pays étrangers, même de Hollande, depuis l'arrêt du 31 décembre 1745, portant révocation des privilèges des Hollandois, le cent pefant, par arrêts des 3 février 1688, & 6 feptembre 1701, à toutes les entrées.

> *Nota.* 1.º Suivant les arrêts des 3 février 1688, 27 mai 1738 & 7 feptembre 1751, les Cires qui

après être entrées jaunes & avoir été blanchies en
France, retournent à l'étranger, soit en pain, en grain,
ou en cierges, bougies & autres ouvrages de cette
nature, jouissent de la restitution des droits d'entrée &
de l'exemption de tous droits de sortie, en remplissant
les formalités prescrites par l'arrêt de 1738, & avec
cette exception, que dans le cas où les Cires sont
façonnées en cierges, bougies & autres ouvrages de
cette nature, il doit être retenu un vingtième sur la
restitution à faire des droits d'entrée, pour raison du
coton employé dans ces ouvrages, conformément à
l'arrêt de 1751.

Nota. 2.° Sur ce principe, les Cires jaunes qui
viennent de l'étranger, autre que l'Angleterre, par la
voie de Dunkerque, dans les blanchisseries établies dans
la basse ville, payent le droit d'entrée du tarif de 1671,
qui est de quatre livres du cent pesant; & si après avoir
été blanchies elles rentrent dans la haute ville, il y a
lieu au remboursement de la totalité ou de partie de
ce droit, suivant l'explication donnée dans l'article
précédent, & à l'exemption du droit de sortie; mais
alors si elles passent de la haute ville de Dunkerque
dans l'étendue des Cinq grosses fermes, elles doivent
au premier bureau d'entrée le droit de vingt livres
du cent pesant, parce que la haute ville de Dunkerque est étrangère à l'égard des droits des fermes. Si
au contraire les Cires blanchies dans la basse ville
sont envoyées directement dans l'intérieur des Cinq
grosses fermes, sans rentrer dans Dunkerque, elles
ne doivent aux bureaux d'entrée des Cinq grosses
fermes que trois livres du cent pesant & les quatre
sols pour livre, au lieu de dix livres portées par le
tarif de 1664, suivant l'arrêt du 29 mars 1732;
mais il faut en ce cas qu'elles soient accompagnées de
l'acquit du bureau de la basse ville de Dunkerque,
pour justifier que le droit de quatre livres imposé sur
la Cire jaune par le tarif de 1671, a été payé.

Nota. 3.° La faveur accordée par l'arrêt du 29
mars 1732 n'est pas personnelle au sieur Macs qui y
est dénommé; tous ceux qui ont établi ou établiront
des blanchisseries dans la basse ville de Dunkerque

font en droit de la réclamer , fuivant un autre arrêt du 10 mars 1733.

Cinq livres. CIRE jaune d'Angleterre venant fur des vaiffeaux Anglois , par arrêt du 6 feptembre 1701 & ordre du Confeil du 26 août 1714 , le cent pefant.

CIRE jaune du Levant. *Voyez* l'état des Marchandifes du Levant.

CIROPS. *Voyez* SYROPS.

CITRONS. *Voyez* ORANGES.

Trois livres. CLOUS de fer , moyens & petits , par arrêt du 4 mai 1745 , le cent pefant.

Une livre dix fols. CLOUS (Gros) par le même arrêt , le cent pefant.

> *Nota.* 1.° Ces droits font dûs , foit que les Clous foient deftinés pour le Pays conquis ou pour les Cinq groffes fermes.

> *Nota.* 2.° Les Clous ne font réputés gros que quand le millier en nombre pèfe deux cens cinquante livres , poids de marc & au deffus , c'eft-à-dire que chaque Clou doit être d'un quart pefant , fuivant l'arrêt ci-deffus.

> *Nota.* 3.° Les Clous de fer de toute efpèce , gros, moyens & petits , provenans de la manufacture établie près la ville de Valenciennes , ne payent à leur entrée dans les Cinq groffes fermes que deux fols du cent pefant , en juftifiant par les voituriers ou conducteurs , par des certificats en bonne forme des intéreffés en cette manufacture , que les Clous en proviennent , conformément au même arrêt.

Dix livres. CLOUS de cuivre , doivent comme Mercerie , par décifion du 21 janvier 1743 , le cent pefant.

Vingt livres. COLLE d'Angleterre venant fur des vaiffeaux anglois , par arrêt du 6 feptembre 1701 & ordre du Confeil du 26 août 1714 , le cent pefant.

COLLE de poiffon. *Voyez* VISBLAT *ou* COLLE de poiffon , *article du tarif de 1671.*

COLLIERS

COQUE du Levant.
CORAIL du Baſtion.
CORCOME.
CORDOUANS *ou* MAROQUINS. } *Voyez* l'état des Marchandiſes du Levant.

Dix livres. COLLIERS de verre, doivent comme Mercerie, suivant la décision du 19 août 1737, le cent pesant.

> *Nota.* S'ils font garnis de rubans de foie, ils doivent cinq pour cent de la valeur comme Marchandise omise au tarif de 1671.

COLOQUINTE. *Voyez* l'état des Marchandises du Levant.

Cinq livres. CONFITURES des Isles françoises, par l'article XIX des lettres patentes de 1717, indépendamment du droit du domaine d'Occident, le cent pesant.

COQUILLES de nacre. *Voyez* MERCERIE. *Voyez aussi* NACRE dans l'état des Marchandises du Levant.

CORDILATS. *Voyez* ÉTOFFES.

Une livre dix sols. CORNE ronde ou plate d'Angleterre, par arrêt du 6 septembre 1701, le cent pesant.

Néant. COTONS en laine, venant des pays étrangers, à toutes les entrées, par arrêt du 12 novembre 1749.

Vingt pour cent. COTONS en laine, venant du Levant, font exempts des droits d'entrée ordinaires, mais ils doivent le droit de vingt pour cent, par arrêt du 22 décembre 1750. *Voyez* l'état des Marchandises du Levant.

Néant. COTONS en laine, venant des Isles françoises, font exempts du droit d'entrée auquel les lettres patentes de 1717 les affujétiffoient, même du droit du domaine d'Occident, par les arrêts des 12 novembre 1749 & 22 décembre 1750.

> *Nota.* 1.° Le droit de demi pour cent d'augmentation du domaine d'Occident, doit continuer d'être perçû aux entrées du Royaume fur les Cotons venant des Isles, suivant les arrêts des 22 décembre 1750 & 17 août 1751.

> *Nota.* 2.° Les balles de Coton venant des Isles françoises, doivent être visitées à leur arrivée par les Commis des fermes, pour vérifier si elles font

E

marquées aux deux bouts d'une marque empreinte en huile, contenant non feulement le nom des habitans des Ifles par qui l'envoi a été fait, mais encore leur quartier ou demeure, conformément aux arrêts des 20 décembre 1729 & 16 décembre 1738; & en cas de contravention, les Commis font autorifés à faifir les balles non marquées & à en pourfuivre la confifcation devant M. l'Intendant, avec amende de cent livres contre l'habitant des Ifles qui aura fait l'envoi, & pareille amende contre le Capitaine du vaiffeau, pour chaque balle non marquée.

COTONS en laine, foit des Ifles, du Levant, ou des autres pays étrangers, foit du crû du Royaume, doivent le droit de fortie réglé par l'arrêt du 17 août 1751, à huit livres du cent pefant; ces différens Cotons n'ayant aucune marque qui puiffe les faire diftinguer les uns des autres. . . . . *Huit livres.*

> *Nota.* Il y a un arrêt du 28 juin 1723, portant règlement pour le tranfport du Coton & autres matières fervant aux manufactures établies dans l'étendue des ville & châtellenie de Lille, & dans une lieue de la frontière de Flandre. *Voyez* LAINES.

COTONS filés, à l'entrée. *Voyez* fil de Coton, à l'article du tarif de 1671. *Voyez auffi* l'état des Marchandifes du Levant.

COTONS filés, à la fortie, foit qu'ils foient venus des Ifles, du Levant, ou des autres pays étrangers, foit qu'ils foient du crû du Royaume, n'ayant, non plus que les Cotons en laine, aucune marque diftinctive, doivent le droit de dix livres du cent pefant, porté par le même arrêt du 17 août 1751. *Dix livres.*

Trois livres. COUPEROSE d'Angleterre, venant fur des vaiffeaux Anglois, par arrêt du 6 feptembre 1701, le cent pefant.

> *Nota.* Venant fur d'autres vaiffeaux, elle entre en exemption de droits, conformément à la décifion du Confeil du 17 décembre 1716, étant tirée à néant

dans le tarif de 1671 ; mais il faut faire attention à ce que le vitriol de Chipre ne soit pas introduit sous la dénomination de *Couperose*.

Défendue. COUTELLERIE d'Angleterre. *Voyez* l'état des Marchandises dont l'entrée est défendue.

Six livres. COUTILS de toutes sortes, par arrêt du 3 juillet 1692, la pièce de quinze aunes, à toutes les entrées.

> *Nota. Voyez* l'observation faite à l'article des Toiles dans l'état des Marchandises défendues à l'entrée.

COUVERTURES de laine, autres que d'Angleterre, dont l'arrêt du 7 décembre 1688 a réglé les droits d'entrée de chaque pièce à six livres pour les fines, & à trois livres pour les grosses & médiocres, ne peuvent être introduites dans le Royaume que par Calais & Saint-Valery, suivant le même arrêt, à peine de confiscation & de trois mille livres d'amende.

Défendues. COUVERTURES de laine d'Angleterre. *Voyez* l'état des Marchandises défendues à l'entrée.

COUVERTURES de laine, fabrique du Royaume, allant directement à l'étranger, doivent jouir de l'exemption des droits, portée par l'arrêt du 13 octobre 1743, suivant la décision du 21 novembre de la même année. . . . .   *Néant.*

CRAQUELOTS. *Voyez* HARENGS SAURS.

CRESPES lisses & autres, de toutes sortes, dont le tarif de 1667 a réglé les droits d'entrée à trente pour cent de la valeur, ne peuvent être introduits dans le Royaume que par Auxonne & Lyon, conformément à l'arrêt du 24 janvier 1690, sous peine de confiscation & de trois mille livres d'amende.

CRESPONS de Zurich, dont l'ordre du Conseil du 13 avril 1689 a fixé le droit d'entrée à raison de cinq livres la pièce de vingt-cinq aunes, au lieu du droit porté par le tarif de 1667, ne peuvent non plus être introduits dans le Royaume que par Auxonne & Lyon, fuivant le même arrêt du 24 janvier 1690, & fous les mêmes peines.

C R I N S plats, bruts & non frifés : l'arrêt du 17 feptembre 1743, qui en règle les droits d'entrée à quinze fols du cent pefant, n'a lieu que dans les bureaux des Cinq groffes fermes, & ne change rien aux difpofitions du tarif de 1671, ainfi qu'il réfulte de la décifion du Confeil du 7 octobre 1743.

> *Nota.* Le Crin n'eft réputé d'Angleterre, ni conféquemment défendu à l'entrée, que lorfqu'il vient fur des vaiffeaux Anglois, fuivant l'ordre du Confeil du 26 août 1714.

Quatre cens livres. C R I S T A U X de roche ouvrés, compris ceux venant d'Angleterre, par arrêt du 3 janvier 1690, & décifions du Confeil des 26 août 1714 & 8 août 1753, à toutes les entrées, le cent pefant.

Droit du tarif. C R I S T A U X de roche non ouvrés, compris auffi ceux venant d'Angleterre, ne doivent que le droit d'entrée du tarif de 1671, fuivant les deux décifions énoncées dans l'article précédent.

C R I S T A U X factices. *Voyez* V E R R E S C R I S T A L L I N S.

C R O T E L I N. *Voyez* L A I N E S.

Dix livres. C U I L L I E R S à thé, de tombac, comme Mercerie, par décifion du 21 janvier 1743, le cent pefant.

Trente livres. C U I R S dorés, par le tarif de 1667 & l'arrêt du 3 juillet 1692, à toutes les entrées, le cent pefant.

Vingt pour cent. C U I R S de Rouffi, ou Ruffie, à toutes les entrées, par arrêt du 10 mai 1689, de la valeur.

> *Nota.* En faire l'eftimation à raifon de vingt fols la livre, & en percevoir le droit de vingt pour cent fur ce pied, conformément à la décifion du 30 juillet 1736.

Deux livres. CUIRS de bœufs ou vaches, tannés & corroyés, autres que des fabriques d'Angleterre, doivent vingt pour cent de la valeur, fuivant les arrêts des 7 feptembre 1688, 1.er février & 10 mai 1689 ; néanmoins n'en percevoir le droit d'entrée dans le Pays conquis, qu'à raifon de quarante fols par Cuir, conformément à la décifion du Confeil du 19 février 1748, en attendant le règlement qui eft fur le point d'intervenir.

> *Nota.* 1.° Les Cuirs venant de Hollande font fujets à ce droit depuis l'arrêt du 31 décembre 1745, qui a révoqué les privilèges des Hollandois.

> *Nota.* 2.° Les Cuirs étrangers ne peuvent entrer en Haynault que par les bureaux du Blammifferon & de Vieuxrengt. *Voyez* l'état des Marchandifes dont l'entrée dans le Pays conquis eft fixée par certains bureaux.

CUIRS d'Angleterre & d'Irlande font de trois efpèces, favoir :

Défendus. Les Cuirs tannés, corroyés & apprêtés, dont l'entrée eft défendue.

Dix fols. Les Cuirs verds, c'eft-à-dire ceux en poil, tels qu'ils fe lèvent de deffus l'animal, & non falés, la pièce.

Trente livres. Et les Cuirs falés ou peaux de bœufs, en poil ou fans poil, la douzaine.

Le tout fuivant l'arrêt du 6 feptembre 1701, & l'ordonnance de M. l'Intendant du Haynault, du 26 août 1745.

> *Nota.* 1.° Les Cuirs en poil, falés & non falés, qui viennent des pays étrangers, autres que l'Angleterre & l'Irlande, étant tirés à néant par le tarif de 1671, il faut, fuivant l'ordre du 2 avril 1744, que l'on en juftifie l'origine par un certificat des Magiftrats du lieu de l'enlèvement, fans quoi l'on doit les regarder comme Cuirs d'Angleterre & d'Irlande.

E iij

Nota. 2.° Pour aſſurer la vérité de ces certificats ou prévenir les abus que l'on en pourroit faire, les Receveurs doivent s'attacher à connoître les Cuirs d'Angleterre & d'Irlande, relativement aux marques diſtinctives dont l'explication ſe trouve dans l'inſtruction qui leur a été remiſe le 16 ſeptembre 1745.

C u i r s de Buenos-Aires : l'arrêt du 7 mars 1724 avoit permis de les faire venir directement d'Angleterre, en rapportant les certificats preſcrits, & en payant une livre cinq ſols pour chaque Cuir ; mais cette permiſſion ne ſubſiſte plus depuis que le traité de *l'Aſſiente* eſt fini, au moyen de quoi s'il en venoit d'Eſpagne ou par la voie des pays étrangers, autres que l'Angleterre, il faudroit ſe conformer à ce qu'on a expliqué dans les obſervations précédentes.

C u i r s du Levant & de Barbarie. *Voyez* l'état des Marchandiſes du Levant.

Cinq ſols.   **C u i r s** ſecs & en poil, venant des Iſles françoiſes, par l'article XIX des lettres patentes de 1717, indépendamment du droit du domaine d'Occident, la pièce.

C u i r s, tant de bœufs que de vaches & de veaux en poil, tannés ou apprêtés. *Voyez* l'état des Marchandiſes défendues à la ſortie. . . . . *Défendus.*

Nota. 1.° Par Ordonnance de M. l'Intendant du Haynault, du 2 avril 1749, les Marchands Tanneurs de Givet ont été aſſujétis à faire conduire leurs Cuirs ſecs au bureau de cette ville, pour y être marqués, avant de pouvoir être tranſportés ailleurs.

Nota. 2.° Les Cuirs deſtinés pour Valenciennes, Douay & autres villes de la Flandre & de l'Artois, ne peuvent être expédiés au bureau de Givet qu'après avoir été comptés & vérifiés par le Viſiteur, qui eſt tenu de ſigner l'acquit à caution conjointement avec le Receveur. Ils doivent être aſſujétis par cet acquit à ſuivre la grande route de Maubeuge & Bavay, & l'on doit les viſiter dans les bureaux de cette route,

DENTELLES d'or & d'argent fin. L'arrêt du 27 août 1737, a été cité par erreur à leur article, il ne concerne que les dentelles de foie, d'or & d'argent faux.

fuivant une autre ordonnance de M. l'Intendant du Haynault, du 26 juillet 1731, confirmée par arrêt du 9 octobre de la même année.

C U I V R E S vieux, mitrailles & rognures, peuvent fortir à l'étranger en payant les droits, depuis l'arrêt du 29 juillet 1747, qui lève les défenfes portées par celui du 20 novembre 1740.

C U L O T T E S de peaux de veau ou de mouton, doivent les droits d'entrée établis fur les peaux, à raifon de deux peaux pour une Culotte, fuivant l'ordonnance de M. de Bernières, ci-devant Intendant de Flandre, du 3 feptembre 1715.

D

D A M A S S É, ou petite Venife. *Voyez* L I N G E.

D A Q U E T. *Voyez* R É S I N E.

D A T T E S. *Voyez* l'état des Marchandifes du Levant.

D E N T E L L E S d'or & d'argent fin, mêlées de foie, par arrêts des 3 juillet 1692 & 27 août 1737, la livre. . . . . *Quinze fols.*

D E N T E L L E S de foie, d'or & d'argent faux, par les mêmes arrêts, la livre. . . . . *Cinq fols.*

Huit livres. D E N T E L L E S de foie & de guipures, par le tarif de 1667, la livre.

Vingt livres. D E N T E L L E S de fil, points-coupés & paffemens, venant des pays de la domination Autrichienne, à la deftination du Pays conquis ou des Cinq groffes fermes, par arrêt du 10 avril 1734 & décifion du Confeil du 8 mars 1749, la livre.

> *Nota.* Elles ne peuvent entrer que par Lille & Valenciennes. *Voyez* l'état des Marchandifes dont l'entrée dans le Pays conquis eft fixée par certains bureaux.

Six livres. DENTS d'éléphant ou ivoire, venant d'Angleterre , par arrêt du 6 feptembre 1701, le cent pefant.

Néant. DERLE ou terre propre à faire porcelaine, par arrêt du 31 août 1728, ne doit rien à l'entrée.

> *Nota.* Celle propre à faire de la poterie de grès doit jouir de la même exemption, fuivant la décifion du 19 juillet 1751.

Et à la fortie, par arrêt du 26 février 1692, le laft de douze tonnes ordinaires. . . . .*Vingt livres.*

Dix livres. DEZ à coudre , favoir ceux de cuivre & d'acier, comme Mercerie, ainfi qu'il réfulte de la décifion du Confeil du 25 avril 1720, le cent pefant.

Trois livres. Ceux de fer, comme Quincaillerie, par décifion du 21 janvier 1743, le cent pefant.

DRAPS. *Voyez* E'TOFFES.

DRILLES & pattes. *Voyez* LINGE vieux.

DROGUERIES & E'piceries, autres que celles venant d'Angleterre , ne peuvent entrer dans le Royaume que par certains ports & bureaux ; favoir, la Rochelle, Rouen, Calais, Bordeaux, Lyon & Marfeille, par l'ordonnance de 1687, titre III, article I.er Saint-Valery-fur-Somme, par arrêt du 25 novembre 1698 ; Nantes & autres ports de Bretagne, par arrêt du 16 décembre 1721 ; Dunkerque, par arrêt du 28 juin 1723 ; Cette, pour les Drogueries du nord, par arrêt du 25 octobre 1728 ; le Havre-de-Grace, par arrêt du 6 mars 1736 ; & Saint-Dizier, par arrêt du 14 mars 1752, à peine de confifcation & de trois cens livres d'amende.

> *Nota.* 1.º Par ordres des 22 avril & 6 mai 1748, donnés en éxécution de la décifion du Confeil du 9 mars précédent, l'ufage où l'on étoit dans tous les bureaux de Flandre & du Haynault indiftinctement, d'admettre l'entrée des Drogueries & E'piceries deftinées pour le Pays conquis, a été révoqué ; ainfi il
> n'en

n'en peut plus venir que par le bureau de la baſſe ville de Dunkerque. *Voyez* cependant l'exception pour le tabac, dans l'ordre alphabétique de cette inſtruction.

Nota. 2.º Suivant l'arrêt du 28 juin 1723 , qui permet l'entrée des Drogueries & Épiceries, autres que celles d'Angleterre, par Dunkerque, elles doivent être miſes à leur arrivée dans l'entrepôt de la baſſe ville , & n'en peuvent être tirées qu'en payant les droits portés par le tarif de 1671 , arrêts & règlemens poſtérieurs , lorſqu'elles ſont deſtinées pour la conſommation du Pays conquis ; & qu'en prenant des acquits à caution ſi elles ſont deſtinées pour l'étendue des Cinq groſſes fermes , afin d'aſſurer les droits du tarif de 1664 au premier bureau d'entrée de l'ancienne France ; mais ſi elles ſe trouvoient aſſujéties à des droits uniformes à toutes les entrées du Royaume , il faudroit en uſer comme pour les autres Marchandiſes étrangères , c'eſt-à-dire , en percevoir les droits au bureau de Dunkerque , ſoit qu'elles fuſſent deſti-- nées pour le Pays conquis ou pour les Cinq groſſes fermes. *Voyez* Marchandiſes étrangères.

Nota. 3.º L'entrepôt ordonné par cet arrêt ne doit avoir lieu que pour les Drogueries & Épiceries , autres que d'Angleterre , que les Négocians de Dunkerque font venir par ſpéculation , & auxquelles ils ne donnent aucune deſtination à leur arrivée ; mais il eſt inutile pour celles qui, dans l'inſtant de leur arrivée, ſont deſtinées pour le Pays conquis ou pour les Cinq groſſes fermes , conformément à la déciſion du 25 janvier 1748.

Nota. 4.º Les Drogueries & Épiceries venant de l'ancienne France où elles n'ont payé aucuns droits de ſortie , en vertu du tarif de 1664 qui les en aſſranchit, doivent à la ſortie du Pays conquis , pour l'étranger , les droits du tarif de 1671 , poſtérieur à celui de 1664, ainſi qu'il réſulte de la déciſion du 19 décembre 1729.

Défendues. DROGUERIES & Épiceries d'Angleterre & pays en dépendans. *Voyez* l'état des Marchandiſes dont l'entrée eſt défendue.

F

DROGUERIES & E'piceries du Levant. *Voyez* l'état
des Marchandifes du Levant.

L'ARTICLE final du tarif de 1671 ayant diftingué
les Drogueries & E'piceries des Marchandifes &
Denrées, en ce qu'il a ordonné que leurs emballages
feroient déduits, difpofition qui fe trouve confirmée
par l'ordonnance du mois de février 1687, titre I.er
article II, on a extrait de ce tarif les Drogueries &
E'piceries qui y font nommément comprifes, & on
les a réunies dans l'état ci-après, à la fuite duquel on
a fait quelques obfervations qui ont paru néceffaires.

Acacia vrai ou commun.	*Cochenille* mefteque, commune.
Agaric de toute forte.	& champêtre.
Aloès de toute forte.	*Colle de poiffon* ou *Vifblat.*
Ambre gris.	*Corail* blanc & rouge.
Ambre jaune, ou *Karabé* en	*Coriandre*, *Carny* & *Fenouil.*
roche.	*Dattes.*
Antimoine crud.	*Encens* de toute forte.
Antimoine préparé.	*Gingembre* confit.
Appies.	*Gingembre* ordinaire.
Argent vif ou *Mercure.*	*Maniquette* , ou petit poivre,
Arfenic.	dit *graine de paradis.*
Azur commun.	*Manne* de toute forte.
Azur fin.	*Maflic.*
Baume.	*Mufcades* en feuilles & maffes.
Béfoard.	*Mufc* en veffie.
Borax gras ou rafiné.	*Mufc* pur.
Canelle, *Calminée*, ou *Cina-*	*Perles* à piler, ou femence de
mome.	perles.
Cantarides.	*Poivre* blanc & noir.
Caffe.	*Rhubarbe.*
Chocolat.	*Safran* de toute forte.
Cire blanche.	*Salfepareille.*
Cire jaune.	*Séné* , ou feuilles de *Séné.*
Civette.	*Soufre.*
Clous de Girofle.	*Sucre* candi blanc , brun & violet.

Amatiſles,
Anis verd *ou* en graine,
Comin, c'eſt-à-dire, *Cumin* ou
   Anis aigre,
} Sont auſſi du nombre des Drogueries & Epiceries compriſes dans le tarif de 1671.

DROGUETS. *Voyez* ci-après E'TOFFES, *page 50.*

Sucre en pain, fin, commun & gros.	*Tabac* fin en feuilles.
Sucre en poudre blanc.	*Tabac* commun en feuilles.
Sucre en poudre, ou *Caffonade*.	*Térébenthine* de Bordeaux ou de Venife.
Tabac de Vérine.	*Thériaque*, ou *Mitridate* de Ve-
Tabac de Virginie.	nife, & *Orviétan* de Rome.
Tabac commun, filé ou en poudre.	*Verd* de veffie.
	Vifblat ou *Colle de poiffon*.

Nota. 1.º Les autres fortes de Drogueries & Epiceries omifes au tarif de 1671, doivent cinq pour cent de leur valeur, ainfi il n'y a aucune déduction de tare.

Nota. 2.º Celles des Drogueries ci-deffus qui viennent du Levant, & qui font comprifes dans l'état arrêté au Confeil le 22 décembre 1750, doivent payer les droits de vingt pour cent de leur valeur, au poids de marc brut, fans déduction d'emballage, fuivant le même état où les eftimations ont été tirées fur le pied d'acquitter brut ; ainfi la tare ne doit être déduite fur les Drogueries du Levant que pour les droits ordinaires réglés par le tarif & par les arrêts poftérieurs autrement qu'à la valeur.

E

Six livres.   Eau de vie venant des ports de France par Dunkerque, par arrêt du 6 décembre 1681, l'aime.

Nota. 1.º Ce droit de fix livres ne concerne que les eaux de vie qui viennent directement de France par Dunkerque ; encore faut-il qu'elles paffent en Flandre dans le délai fixé par l'article III de l'arrêt du 13 octobre 1722, & qu'elles foient accompagnées du certificat requis par cet arrêt, fans quoi elles feroient fujettes au droit ordinaire du tarif de 1671, comme les eaux de vie venant de l'étranger. *Voyez* Marchandifes qui viennent de Dunkerque.

Nota. 2.º Il ne s'agit ici que de l'Eau de vie de vin, étant la feule qui puiffe être commercée, foit dans les pays étrangers, foit dans le Royaume, de port en port, ou d'une province à l'autre , fuivant la déclaration du Roi, du 24 janvier 1713 ; par laquelle la fabrication & le commerce des Eaux de vie de mélaffe ou fyrop de fucre, bière, cidre, poiré, hydromel , grains, marc de raifin , lie & baiffière de vin font défendus, à peine de confifcation & de trois mille livres d'amende, aux exceptions portées par la même déclaration pour la Normandie , & pour partie de la Bretagne. Néanmoins les guildives ou taffias, c'eft-à-dire, les Eaux de vie de mélaffe ou fyrop de fucre qui viennent des Ifles françoifes de l'Amérique, peuvent être admis à l'entrepôt pour la deftination de Guinée, mais non pour aucune autre deftination, foit des provinces du Royaume, foit de l'étranger , conformément à la décifion du Confeil du 12 juin 1752 , jufqu'à ce qu'il en foit autrement ordonné.

Sept livres. E'CAILLE de tortue *ou* CARET venant des Ifles françoifes de l'Amérique , par les lettres patentes du mois d'avril 1717, article XIX , le cent pefant.

Défendue. E'CORCE d'arbre , appelée *Quina faux , faux Quinquina* , ou *Quinquina femelle. Voyez* l'état des Marchandifes défendues à l'entrée.

E'CORCES d'arbres, fervant à faire le tan pour l'apprêt des cuirs. *Voyez* l'état des Marchandifes dont la fortie eft défendue. . . . . *Défendues.*

ENCENS. *Voyez* l'état des Marchandifes du Levant.

ENCRE à imprimer. *Voyez* LIBRAIRIE.

E'PICERIES. *Voyez* DROGUERIES.

E'PINETTES , Manicordions & autres inftrumens , comme Mercerie, par arrêt du 3 juillet 1692, le cent pefant. . . . . *Deux liv.*

Vingt livres. E'PINGLES venant de l'étranger , autres que d'Angleterre, par arrêt du 3 juillet 1692 , à toutes les entrées, le cent pefant.

Nota. Celles venant d'Angleterre & pays en dépendans , font comprifes dans la prohibition de l'arrêt

ÉCAILLE de tortue venant des Iſles; le droit de ſept livres le cent peſant eſt dû, indépendamment de celui du domaine d'Occident.

du 6 feptembre 1701 , comme étant du nombre de
la Mercerie, & conformément à la décifion du Confeil du 21 feptembre 1742 , mentionnée dans l'état
des Marchandifes défendues à l'entrée.

E'ponges.
Escajolles. } *Voyez* l'état des Marchandifes du Levant.

Estampes. *Voyez* Librairie.

E'tain non ouvré, deftiné pour la confommation
du Pays conquis , doit les droits d'entrée relativement aux diftinctions ci-après.

Seize livres Venant d'Angleterre , feize livres dix fols du cent
dix fols.   pefant ; favoir douze livres dix fols , fuivant l'or-
             donnance du mois de juillet 1681 , & quatre
             livres , conformément à l'arrêt du 20 mai 1738.

Seize livres Venant de Hollande , de Mons & de Gand , fans
dix fols.   avoir la marque prefcrite, & fans être accompagné
             du certificat requis par l'arrêt du 12 avril 1723 ,
             il eft réputé venir d'Angleterre , aux termes tant
             de cet arrêt, que de ceux des 15 février & 8
             novembre 1729; & comme tel, il doit le cent pefant.

> *Nota.* Inutilement allègueroit - on que c'eft de
> l'E'tain refondu , provenant de vieille vaiffelle ; pareille
> allégation a été rejettée , par ordonnance de M.
> l'Intendant du Haynault , du 4 février 1749.

Douze livres Venant de Hollande , de Mons & de Gand , avec la
dix fols.   marque prefcrite & le certificat requis , il ne doit
              1.° que le droit de l'ordonnance de 1681 , étant
              tiré à *néant* dans le tarif de 1671, lorfqu'il entre par
              d'autres bureaux que ceux de Lille , Valenciennes
              & Dunkerque.

Six livres. 2.° Entrant par Lille & Valenciennes , fix livres le
           cent pefant, fuivant l'arrêt du 15 février 1729.

Six livres. 3.° Entrant par Dunkerque , fuivant l'arrêt du 8
           novembre 1729 , pareil droit.

Nota. Si l'Etain , en faveur duquel la modération du droit de douze livres dix fols à fix livres a été accordée, paffe enfuite dans l'étendue des Cinq groffes fermes, ce ne peut être que par les bureaux d'A- miens, Péronne & Saint-Quentin, où il doit acquitter, outre le droit du tarif de 1664, le fupplément de celui réglé par l'ordonnance de 1681 ; & juflifier du payement du droit de fix livres fait à l'arrivée dans les bureaux de Lille, Valenciennes ou Dunkerque, conformément aux deux arrêts des 15 février & 8 novembre 1729.

Deux livres dix fols. E'TAIN non ouvré, venant des Indes fur des vaif- feaux François , ne doit à toutes les entrées que deux livres dix fols du cent pefant, par arrêt du 25 août 1716.

Défendu. E'TAIN ouvré ou laminé , venant d'Angleterre. *Voyez* l'état des Marchandifes défendues à l'entrée.

Nota. 1.º Celui qui vient des autres pays étrangers n'eft pas compris dans la défenfe, fuivant la décifion du Confeil du 12 janvier 1739 ; mais il ne peut entrer dans le royaume par terre, que par Lyon ; & par mer, que par les ports de Marfeille, Toulon , Cette , Agde , Narbonne , Bordeaux , la Rochelle, Rouen , Dieppe , Saint-Valery & Calais , à peine de confifcation & de trois mille livres d'amende , con- formément à l'ordonnance de 1681.

Nota. 2.º Lorfqu'il vient de Hollande , il doit avoir la marque prefcrite, & être accompagné du certificat requis par l'arrêt du 12 avril 1723, fans quoi il eft réputé venir d'Angleterre, fuivant le même arrêt & la décifion du Confeil du 4 feptembre 1741.

E'TOFFES de foie, ou mêlées de foie, d'or & d'argent , autres que d'Angleterre , ne peuvent entrer dans le royaume, par mer que par Marfeille , & par terre que par le pont de Beauvoifin , à peine de confifcation & de trois mille livres d'amende , fuivant la déclaration du Roi du 11 juin 1714, & les arrêts des 18 mai 1720 & 27 mars 1731.

E'TAIN ouvré, *fupprimez* ou laminé.

Vingt livres. Celles de foie & velours des fabriques de la Flandre étrangère, deftinées pour le pays conquis, ou pour les Cinq groffes fermes, peuvent cependant être introduites par les bureaux de Lille & Valenciennes, fuivant les arrêts des 23 novembre 1688 & 30 décembre 1704, en payant vingt livres pour chaque livre pefant; mais, fuivant ce dernier arrêt, elles ne peuvent être expédiées pour les Cinq groffes fermes que par les bureaux d'Amiens, Péronne & Saint-Quentin.

E'TOFFES de laine de toutes fortes & de tous pays, fans exception, autres que d'Angleterre, ne peuvent entrer dans le royaume que par Calais & Saint - Valery, à peine de confifcation des Marchandifes, vaiffeaux, voitures & équipages, & de trois mille livres d'amende, conformément aux arrêts des 8 novembre & 23 décembre 1687, 3 juillet 1692, & 27 mars 1731.

> *Nota.* Nonobftant ces règlemens, on étoit dans l'ufage d'admettre à l'entrée du pays conquis les étofles dont il s'agit, & celles mentionnées dans l'article fuivant; mais le Confeil, par décifion du 11 avril 1753, a fupprimé cet ufage.

E'TOFFES de poil & fil, ou mêlées de laine, de foie, poil, fil, coton ou autres matières, à l'exception de celles d'Angleterre, ne peuvent pareillement entrer dans le royaume que par Calais & Saint-Valery, fous les mêmes peines, fuivant les deux derniers arrêts & la décifion du Confeil, énoncés en l'article précédent.

Quoique l'entrée de ces différentes étoffes étrangères, autres que celles d'Angleterre, ne foit permife que par Calais & Saint-Valery, & qu'ainfi l'on ne foit point dans le cas d'en percevoir les droits dans les bureaux du pays conquis, néanmoins on ne

laiſſera pas d'expliquer ici en quoi ces droits conſiſtent, parce qu'il pourroit ſe préſenter des occaſions où la connoiſſance en deviendroit néceſſaire
aux Receveurs.

S A V O I R ;

Vingt livres. Baye ou *Bayette* ſimple , par arrêts des 20 décembre
1687 & 3 juillet 1692, la pièce de vingt-cinq aunes.

Soixante liv. Baye ou *Bayette* double , par les mêmes arrêts, la
pièce de cinquante aunes.

Seize livres. *Burail* croiſé , par les mêmes arrêts , la pièce de
vingt-cinq aunes.

Douze livres. *Camelot ,* par les mêmes arrêts , la pièce de vingt aunes.

> *Nota.* Suivant la déciſion du Conſeil du 7 juin
> 1752 , ce droit de douze livres ne concerne que les
> Camelots de pure laine ; ainſi il y a lieu de percevoir
> trente pour cent de la valeur ſur ceux de poil ou
> mêlés de ſoie, laine & autres matières , relativement
> aux mêmes arrêts.

Cent livres. *Draps* d'Eſpagne , par le tarif de 1667 , & l'arrêt du
20 décembre 1687 , la pièce de trente aunes.

Quatre-vingt *Draps* de Hollande & autres pays étrangers , par le
livres.   même tarif, & par les arrêts des 8 novembre, 20
décembre 1687 & 3 juillet 1692 , la pièce de
trente aunes.

Vingt livres. *Draps* *(demi-)* appelés *Draps de douzaine* , de la
valeur de huit livres l'aune & au deſſous, par les
arrêts des 20 décembre 1687 & 3 juillet 1692 ,
la pièce de neuf à dix aunes.

Draps de caſtor. *Voyez* les obſervations ci-après.

Trois livres. *Ferlins* , par les mêmes arrêts , des 20 décembre 1687
& 3 juillet 1692 , la pièce de ſept à neuf aunes.

Quarante- *Friſe* blanche, appelée *de coton* , qui ſe vend à la
huit livres.   gode,

            gode , par les mêmes arrêts , le cent de gode , faifant cent vingt-cinq aunes.

Six livres.   *Lingettes*, par les mêmes arrêts , la pièce de vingt aunes.

Vingt-quatre livres.   *Moletons* & *Peniflons* doubles , ou doubles crezeaux frifés ou unis , par les mêmes arrêts, la pièce de vingt-cinq aunes.

            Ratines, fuivant les arrêts des 8 novembre & 20 décembre 1687, doivent les droits réglés pour les draps.

Vingt-quatre livres.   *Serge* de feigneur, & *Serge* façon d'Afcot , par les arrêts des 20 décembre 1687 & 3 juillet 1692 , la pièce de vingt aunes.

Trente livres.   *Serge* drapée , par les mêmes arrêts , la pièce depuis treize jufqu'à quinze aunes.

Huit livres.   *Serge* demi-étroite , dite *Serge d'E'coffe*, par les mêmes arrêts , la pièce de vingt-cinq aunes.

Trente pour cent.   E'TOFFES de laine , de poil & de fil , ou mêlées de laine, de foie , poil , fil , coton & d'autres matières, excepté celles ci - devant défignées , doivent trente pour cent de leur valeur , fuivant les arrêts des 20 décembre 1687 & 3 juillet 1692 ; en ce compris les Baracans, Burail non croifé , Bure ou Bugle, Moucades, Moquètes, Peluches & autres fortes d'Etoffes, non dénommées dans les articles précédens.

    Nota. 1.° Les E'toffes qui proviennent des fabriques de Hollande, font fujettes aux différens droits ci-deffus expliqués, depuis l'arrêt du 31 décembre 1745 , qui a révoqué les privilèges des Hollandois.

    Nota. 2.° Les draps de caftor venant de Hollande, doivent le droit de trente pour cent de la valeur , fur l'eftimation de vingt livres l'aune , conformément à la décifion du Confeil du 9 novembre 1733.

G

Nota. 3.° Les Droguets & les Peluches de Hollande, doivent ce droit de trente pour cent ; favoir
les Peluches, fur l'eftimation de fix livres l'aune, &
les Droguets, fur celle de cinq livres, fuivant les
décifions du Confeil des 8 mai 1733 & 14 avril
1747.

Défendues.

E'TOFFES ou Droguets
de fil, teints ou peints.

E'TOFFES de toutes
fortes, d'Angleterre.

E'TOFFES des Indes, de
la Chine & du Levant.

E'TOFFES appelées *Ve-
lours de gueux.*

E'TOFFE ou papier drapé
à ufage de tapifferie.

Voyez l'état des Marchandifes
défendues à l'entrée.

E'TOFFES & toiles de Marfeille. Par arrêt du 2
janvier 1734, les fabriquans de la ville & du territoire de Marfeille, font tenus de mettre leur nom
& furnom fur chaque pièce d'étoffes & de toiles
qu'ils fabriquent, avec un plomb à chaque bout qui
en contienne l'aunage ; & il eft ordonné que celles
qui fe trouveront fans marques ni plombs de fabrique, lors des vifites qui en feront faites dans les
bureaux des fermes, feront confifquées, avec amende
de trois mille livres contre les conducteurs.

E'TOFFES de France, dénommées dans l'arrêt du
13 octobre 1743, & dans les lettres patentes du
22 décembre de la même année, font exemptes
des droits de fortie, en rempliffant les formalités
prefcrites par ces règlemens & par ceux cités à
l'article des Marchandifes du Royaume qui peuvent
paffer à l'étranger en exemption de droits. . . . . *Néant.*

E'VENTAILS, bâtons & feuilles d'E'ventails, les

droits de fortie en ont été réglés par arrêt du 15 décembre 1731.

S A V O I R ;

Pour les bâtons d'E'ventails d'orfèvrerie, foit unis ou garnis de bijouterie, foit d'écaille de tortue, d'ivoire ou de nacre, piqués en or, ou incruftés ou marquetés en or & en argent, ambre, jafpe, corail, lapis, agate, & autres pareilles matières, montés ou non montés de leurs feuilles. . . . . . . *Six pour cent de la valeur.*

Pour les bâtons de pur ivoire, écaille ou nacre, unis ou piqués en argent, cuivre ou laiton, montés ou non montés de leurs feuilles ; & pour les E'ventails brifés & autres, dont les bâtons feront de pur ivoire, écaille ou nacre, foit que les bâtons foient en tout des efpèces ci-deffus énoncées, foit qu'il n'y ait que les maîtres brins, la douzaine. . . . . *Une livre.*

Pour les E'ventails brifés, tout os, & pour les E'ventails communs de toutes efpèces, montés de leurs feuilles en foie, la douzaine. . . . . *Cinq fols.*

Pour tous les autres bâtons d'E'ventails, comme d'os, de bois, ou de baleine, montés ou non montés de leurs feuilles, à l'exception de ceux montés en foie, comme Mercerie, le cent pefant. . . . . . . *Deux liv.*

Pour les feuilles d'E'ventails en foie avec or & argent, non montés fur les bâtons, la livre. . . . *Deux liv.*

Pour celles de pure foie, fans or ni argent, la livre. *Quatorze fols.*

Et pour toutes autres feuilles en papier, peau, cuir, cannepin, carton, vélin, ou autres, peintes ou non peintes, comme Mercerie, le cent pefant. . . . . *Deux livres.*

F

FANONS de baleine. *Voyez* Baleines en fanons.

Farines. *Voyez* l'état des Marchandises défendues
à la sortie. . . . . *Défendues.*

Faucilles Faux & Volans. *Voyez* Quincaillerie.

Défendue. Fayence ou Poterie d'Angleterre. *Voyez* l'état des
Marchandises défendues à l'entrée.

Vingt livres. Fayence & Porcelaine de tout autre pays, même
de Hollande, depuis l'arrêt du 31 décembre 1745,
qui a révoqué les privilèges des Hollandois, le cent
pesant, à toutes les entrées du Royaume, par arrêts
des 18 juin 1668, 26 février 1692, 10 juillet
1696, & 22 septembre 1714.

> *Nota.* Il ne faut pas confondre la Poterie avec la
> Fayence. Toute terre émaillée, de quelque couleur
> que soit l'émail, est ce que l'on appelle *Fayence :*
> mais toute terre seulement vernissée, ne doit être
> regardée ni payer les droits que comme *Poterie ;* ainsi
> qu'il résulte de deux décisions, l'une du 8 février,
> & l'autre du 25 novembre 1751.

Néant. Fer en gueuse & en mine, entrant dans le Haynault
françois pour les fabriques de cette province, par
arrêt du 10 avril 1702.

> *Nota.* Il doit être expédié par acquit à caution
> pour en assurer la destination.

Fer en gueuse, soit en saumon, ou en plaque unie
& non figurée, à la sortie le cent pesant, par arrêt
du 2 avril 1701. . . . . *Une livre.*

Trois livres. Fer battu, en ce compris toute sorte de quincailleries
grosses & menues de fer, ou de fer & acier, dont
l'état est en détail à la lettre *Q*, par l'arrêt du 10
avril 1702, à l'entrée, le cent pesant.

Et à la sortie, les droits du tarif de 1671. . . . . . . *Droits du tarif.*

Une liv. dix sols. Fer ouvré, comme socs de charue, essieux, ancres de mer , enclumes & autres gros ouvrages de taillanderie dont l'état eſt à la lettre *T*, par le même arrêt de 1702 , à l'entrée , le cent peſant.

Et à la ſortie , les droits du tarif de 1671. . . . . . . *Droits du tarif.*

Une livre. FER quarré bâtard , Fer en barres quarrées ou plattes , & fer en tôle , par le même arrêt de 1702 , à l'entrée , le cent peſant.

Et à la ſortie , par arrêt du 5 novembre 1718 , le cent peſant. . . . . *Huit ſols.*

Une livre dix ſols. FER fendu en verges & vergillons , par arrêt du 16 mars 1751 , à l'entrée , le cent peſant.

Et à la ſortie , par l'arrêt du 5 novembre 1718 , le cent peſant. *Huit ſols.*

Une livre. FER de fonte ou plaques unies ou figurées en bas reliefs , contre - cœurs de cheminées , pots , marmites , chaudières , étuves & autres ſemblables ouvrages de fer fondu , par l'arrêt du 10 avril 1702 , à l'entrée , le cent peſant.

Et à la ſortie , les droits du tarif de 1671. . . . . . . *Droits du tarif.*

Nota. 1.º Les droits réglés par l'arrêt du 10 avril 1702 , ſont dûs, ſoit que les Fers & Marchandiſes de fer ſoient déclarés pour le Pays conquis , ou pour les provinces des Cinq groſſes fermes , paſſant par la Flandre & le Haynault , conformément aux arrêts des 9 juin 1711 & 26 janvier 1715 ; mais ſi on les faiſoit entrer directement dans les Cinq groſſes fermes , ſans paſſer par les provinces de Flandre' & du Haynault , ils ne ſe trouveroient en ce cas aſſujétis qu'aux droits portés par l'arrêt du 2 avril 1701, ſuivant ceux de 1711 & 1715.

Nota. 2.º Les Fers & Marchandiſes de fer provenant des fabriques du Pays conquis , & deſtinés pour l'ancienne France , doivent être expédiés par paſſavant, ſans quoi ils ſeroient réputés étrangers dans les bureaux d'entrée des Cinq groſſes fermes , & y acquitteroient les droits de l'arrêt du 10 avril 1702, ainfi qu'il eſt ordonné par celui du 9 juin 1711, parce qu'ils feroient réputés entrés en fraude de l'arrêt de 1702.

Nota. 3.° Les Fers fabriqués dans la province du Haynault, & deſtinés pour Tournay, jouiſſent de l'exemption des droits de fortie, fuivant l'ordonnance de M. Doujat Intendant de cette province, du 30 avril 1714, confirmée par arrêt du 19 janvier 1719, en rempliſſant les formalités prefcrites par la même ordonnance, article XI.

Nota. 4.° Les Fers & Marchandiſes de fer, doivent être déclarés au poids de marc & non au poids de forge ; parce que vérification faite, mille livres, poids de forge, font mille cinquante livres poids de marc, & l'on doit faire mention du poids dans tous les acquits, fuivant les décifions des 4 février 1737 & 13 janvier 1744.

Nota. 5.° *Voyez* Marchandiſes fujettes aux droits de *tranfit.*

Trois livres. FERS à frifer & fers à repaſſer, comme quincaillerie, par décifion du 2 juillet 1750, le cent pefant.

Sept fols fix deniers. FER vieux, à l'entrée, par arrêt du 10 avril 1702, le cent pefant.

Et à la fortie. *Voyez* l'état des Marchandiſes défendues.   *Défendu.*

Vingt livres. FER-BLANC, par arrêt du 3 juillet 1692, le barril de quatre cens cinquante feuilles doubles, à toutes les entrées.

Dix livres. Et le barril de feuilles fimples, fuivant le même arrêt.

Droits du tarif. FER noir, ne doit que les droits du tarif de 1671, conformément à la décifion du 24 avril 1738.

FERLINS. *Voyez* ÉTOFFES.

FEUILLES de myrthe ou de rufque. *Voyez* l'état des Marchandiſes défendues à la fortie. . . . .   *Défendues.*

FIL d'or ou d'argent faux. *Voyez* Or & Argent faux, trait ou filé.

Fil cru non tors. *Voyez* l'état des Marchandifes défendues à la fortie. . . . . *Défendu.*

Fil cru ou fingle, & fil préparé & retors, propre à être blanchi. *Voyez* le même état. . . . . *Défendus.*

Nota. 1.º Le Confeil, par décifion du 3 mai 1753, a prorogé pour un an la permiffion ci-devant accordée aux Marchands Filetiers de la ville de Lille & des autres Pays-bas françois, d'envoyer blanchir à Anvers & autres villes étrangères, leurs Fils fins, crus & retors, fervans à faire dentelles & autres ouvrages, en donnant leurs foûmiffions de faire rentrer dans un certain délai les deux tiers de la quantité de Fils fortis, attendu le déchet d'un tiers au blanchiffage, & de payer pour tous droits d'entrée & de fortie, trente fols du cent pefant.

Suivant cette décifion & celles qui l'ont précédée, ce n'eft qu'au retour des Fils que le droit de trente fols doit être perçû; & fuivant l'explication donnée le 11 mars 1748, ce n'eft point fur la totalité des Fils fortis, mais feulement fur les deux tiers rentrans que ce droit eft exigible.

Nota. 2.º. Si en vertu d'une ordonnance de M. l'Intendant, on envoyoit blanchir dans la Flandre étrangère des Fils crus & retors, autres que ceux mentionnés dans l'article précédent, ils feroient fujets aux droits de fortie & de rentrée, ainfi que le Confeil l'a décidé le 17 janvier 1751; & le déchet du blanchiffage en a été fixé au tiers par la même décifion.

Une livre. Fils fimples d'E'pinal, & tous autres, crus ou gris, par le tarif de 1671 & l'arrêt du 31 mai 1723, le cent pefant.

Une liv. dix fols. Fils d'E'pinal, & tous autres Fils teints, fimples & non retors, par le même arrêt, le cent pefant.

Dix livres. Fils doubles & retors, teints de toute forte de couleurs, par le tarif de 1671, l'arrêt ci-deffus & la décifion du 17 juillet 1752, le cent pefant.

Fɪʟ de laine ou fayette blanc, qui, par décifion du Confeil du 23 juillet 1713, n'avoit été impofé à la fortie, qu'à trois livres quinze fols le cent pefant, au lieu de fept livres dix fols portés par le tarif de 1671.

Fɪʟ de laine ou fayette teint, qui, par ordonnance de M. le Pelletier Intendant, du 2 août 1679, avoit été affujéti aux droits de fortie, à raifon de cinq pour cent de la valeur, comme Marchandife omife au tarif de 1671.

Voyez l'état des Marchandifes dont la fortie eft défendue. *Défendus.*

Nota. Il y a un arrêt du 28 juin 1723, portant règlement pour le tranfport des Fils de fayette & autres matières fervant aux manufactures établies dans l'étendue des ville & châtellenie de Lille, & dans une lieue de la frontière de Flandre. *Voyez* LAINES.

Fɪʟ de coton, ou coton filé du Levant. *Voyez* l'état des Marchandifes du Levant.

Fɪʟ de poil de chèvre. *Voyez* poil de chèvre filé.

Néant. Fɪʟ de fer, d'archal, cuivre ou laiton, ne doit rien à l'entrée, fuivant le tarif de 1671 & la décifion du Confeil du 11 mai 1706.

Fɪʟᴏᴢᴇʟʟᴇ. *Voyez* le tarif de 1671, à l'article *Paffement de fayette.*

Fᴏɪɴ. *Voyez* l'état des Marchandifes défendues à la fortie. . . . . *Défendu.*

Fᴏʟɪᴜᴍ du Levant.
Fᴏʟʟɪᴄᴜʟᴇs de féné.
Voyez l'état des Marchandifes du Levant.

Trois livres. Fᴏʀᴄᴇs à tondre, d'Angleterre, venant fur des vaiffeaux Anglois, par arrêt du 6 feptembre 1701 & ordre du Confeil du 26 août 1714, la pièce.

FORCES

Fumier. *Voyez* pages 25 & 124.

FORCES à tondre, autres que d'Angleterre. *Voyez*
MERCERIE *&* QUINCAILLERIE.

Cinq pour cent de la valeur. FOUETS garnis d'écaille ou d'argent fin ou
faux, ou de foie, avec des cordons pareils, ne
doivent point acquitter les droits d'entrée comme
Mercerie, mais à raifon de cinq pour cent de la
valeur, comme Marchandife omife au tarif de 1671,
fuivant la décifion du 12 novembre 1731.

Défendus. FOULARS. *Voyez* l'état des Marchandifes défendues
à l'entrée.

Trois livres. FOURCHETTES de fer pour la table, comme
Quincaillerie, par décifions des 21 janvier 1743
& 2 juillet 1750, le cent pefant.

FRANGES d'or & d'argent faux, par arrêt du 27
août 1737, la livre. . . . . *Cinq fols.*

Une livre dix fols. FROMAGES, à toutes les entrées, par arrêt du 21
mai 1746, le cent pefant.

> *Nota.* En ce qui concerne les Fromages de la
> Morée, de Chypre & de Candie. *Voyez* l'état des
> Marchandifes du Levant.

Droit du tarif. FUTAILLES vuides, vieilles ou neuves, doivent à
l'entrée le droit du tarif de 1671, à l'article
Barrils, fuivant l'arrêt & les lettres patentes des 11
& 18 août 1722.

Et à la fortie. *Voyez* l'état des Marchandifes défendues. *Défendues.*

FUTAINES. *Voyez* BOMBAZINS.

G

GALBANUM. ⎫
GALLES. ⎬ *Voyez* l'état des Marchandifes du Levant.
⎭

GALLONS d'or & d'argent faux, par arrêt du 27
août 1737, la livre. . . . . *Cinq fols.*

H

Néant. GALLONS d'or & d'argent fin, vieux & abſolument hors d'état de ſervir, ou dénaturés & convertis en matières, ſont exempts de droits à l'entrée du Royaume, ſuivant les déciſions des 19 août 1745, 25 ſeptembre, 12 & 16 .octobre 1747.

Défendus. GANS d'Angleterre. *Voyez* l'état des Marchandiſes défendues à l'entrée.

GARANCE, en plante ou racine. *Voyez* l'état des Marchandiſes défendues à la ſortie. . . . . *Défendue.*

GARDES d'épées d'argent. *Voyez* Ouvrages d'orfévrerie.

GAZES peintes, la ſortie en eſt permiſe, par déciſion du Conſeil du 26 mai 1751.

GIBIER. *Voyez* l'article des Marchandiſes envoyées à Dunkerque.

Quinze ſols. GINGEMBRE des iſles françoiſes de l'Amérique, par l'article XIX des lettres patentes de 1717, indépendamment du droit du domaine d'Occident, le cent peſant.

Défendues. GLACES de miroirs. *Voyez* l'état des Marchandiſes défendues à lentrée.

GLU.
GOMMES. } *Voyez* l'état des Marchandiſes du Levant.

Néant. GRAINE de vers à ſoie, à toutes les entrées, par déciſion du Conſeil du 15 mars 1753.

GRAINE de lin d'Angleterre, peut entrer dans le Royaume, ſuivant la déciſion du Conſeil du 15 avril 1743.

GRAINES de colzat, de lin, & autres ſervant à faire de l'huile. *Voyez* l'état des Marchandiſes dont la ſortie eſt défendue. . . . . *Défendues.*

Nota. Ces graines, ainſi que celles de Luſerne & de Moutarde, ne ſont point réputées faire partie des des Légumes. *Voyez* LÉGUMES. .

Néant.

GRAINS de toute forte & farines, à l'entrée, font exempts de droits, tant par ordres du Conseil des 9 août 1713 & 4 décembre 1724, que par décision du Conseil du 15 octobre 1742, qui a prorogé sans limitation de temps, l'exemption qui n'avoit été accordée que pendant un an par la déclaration du Roi du 26 octobre 1740.

Nota. 1.° Suivant une décision du Conseil du 3 août 1748, les Grains venant d'Angleterre ne sont point dans le cas de la prohibition portée par l'arrêt du 6 septembre 1701, & ils peuvent être chargés de bord à bord à Dunkerque, dans des navires François, pour être transportés dans les provinces du Royaume, en prenant par les Commandans de ces navires, des acquits à caution au bureau de la basse ville de Dunkerque, pour assurer la destination.

Nota. 2.° L'exemption accordée aux Grains n'ayant eu d'autre objet que de procurer une plus grande abondance d'une denrée si nécessaire à la vie, il s'en suit que s'il venoit de l'étranger des grains qui par leur mauvaise qualité ne pussent qu'être convertis en amidon, il y auroit lieu d'en percevoir les droits d'entrée, suivant les décisions des 27 mai & 5 juillet 1751.

Nota. 3.° A l'égard des Grains qui passent en *transit,* *voyez* l'article des Marchandises sujettes aux droits de *transit.*

GRAINS, à la sortie. *Voyez* l'état des Marchandises défendues. . . . . *Défendus.*

Nota. 1.° Il y a un ordre du 14 janvier 1749, qui prescrit les formalités nécessaires pour empêcher que les Grains ne passent à l'étranger au préjudice des défenses.

Nota. 2.° Lorsque sur les permissions, soit générales, soit particulières, que Sa Majesté juge à propos d'accorder ou de faire donner par M.rs les Intendans, il se fait des envois de Grains à l'étranger, l'arrêt du 16 novembre 1734 en a fixé les droits de sortie à vingt-trois sols par muid, mesure de Paris, ou dix-sept sols six deniers par tonneau du poids de deux mille livres. Dans le cas de ces permissions, il doit être fait au bureau de sortie, des déclarations de la quantité & qualité des grains avant les chargemens, pour en être les droits payés, à peine de confiscation & de mille livres d'amende, conformément à cet arrêt ; & les quatre sols pour livre de l'un ou l'autre de ces droits sont dûs, suivant les ordres des 30 décembre 1734 & 22 octobre 1736.

Nota. 3.º Par ordonnances de M. l'Intendant du Haynault, des 20 mai 1750 & 26 janvier 1751, il a été permis aux habitans des paroisses de Montmignies, Macon & Sales, dépendantes de la prevôté de Chimay, terre étrangère, de tirer du marché de Trelon cent cinquante rasières de grains par mois pour leur consommation, ce qui a été confirmé par décisions du Conseil des 22 mai & 5 juillet 1751.

Par autre ordonnance de M. l'Intendant du Haynault, du 27 mars 1751, il a pareillement été permis aux habitans de la paroisse de Sivry, dépendante de la prevôté de Beaumont, terre étrangère, de tirer du marché de Solre-le-Château cinquante rasières de grains par semaine pour leur consommation.

Ainsi ces grains sont dans le cas des dispositions de l'arrêt du 16 novembre 1734, rapportées en l'article précédent.

Dix livres. GRAINS de verre, doivent comme Mercerie, suivant la décision du 24 septembre 1739, le cent pesant.

Un sol. GROISIL, ou verre cassé, à toutes les entrées, par arrêt du 18 février 1727, le barril de trois cens livres, poids de marc.

Nota. Il n'est réputé venir d'Angleterre, ni conséquemment défendu à l'entrée, que lorsqu'il vient sur des vaisseaux Anglois, suivant l'ordre du Conseil du 26 août 1714.

GUIMBARDES. *Voyez* **TROMPES.**

H

HACHES. *Voyez* TAILLANDERIE.

Défendus. { HABITS vieux ou neufs d'Angleterre.
HABITS vieux de foldats, & autres de fabrique étrangère. } *Voyez* l'état des Marchandifes défendues à l'entrée.

HARENGS blancs & faurs, de pêche Françoife, font exempts de droits à la fortie, par arrêt du 5 octobre 1700. . . . .   *Néant.*

> *Nota.* En ce qui concerne particulièrement ceux qui proviennent de la pêche de Dunkerque. *Voyez* Marchandifes fujettes aux droits de *tranfit.*

Défendus. HARENGS blancs de pêche Angloife, même en vrac, ne peuvent être admis à l'entrée. *Voyez* l'état des Marchandifes défendues.

HARENGS blancs de toute autre pêche étrangère ; peuvent entrer, pourvû qu'ils foient en vrac. *Voyez* le même état.

Quatre-vingt livres. HARENGS faurs d'Angleterre & pays en dépendans, par arrêt du 6 feptembre 1701, le leth de douze barrils.

Quatre-vingt livres. HARENGS faurs, venant de Hollande, font réputés provenir de pêche Angloife, & affujétis au même droit, par arrêt du 10 feptembre 1746, le leth de douze barrils.

> *Nota.* Les Harengs enfumés, connus à Lille fous le nom de *Craquelots,* ne font autre chofe que des Harengs faurs ; & comme tels, ils doivent le droit de quatre-vingt livres par leth, fuivant les décifions des 15 décembre 1749 & 8 janvier 1750.

H iij

H E R M O D A T T E S. *Voyez* l'état des Marchandiſes du Levant.

Défendues. H O R L O G E S , pendules & montres d'Angleterre. *Voyez* l'état des Marchandiſes défendues à l'entrée.

H O U B L O N , n'eſt réputé venir d'Angleterre , ni conſéquemment défendu à l'entrée, que lorſqu'il vient ſur des vaiſſeaux Anglois , ſuivant l'ordre du Conſeil du 26 août 1714.

Défendues. H U I L E & graiſſe de Baleine , & d'autres poiſſons de pêche Angloiſe. *Voyez* B A L E I N E , & l'état des Marchandiſes défendues à l'entrée.

Sept livres dix ſols. Celles venant des villes anſéatiques , à toutes les entrées , par le traité du 28 ſeptembre 1716 , la barrique du poids de cinq cens vingt livres.

Douze liv. Celles de toute autre pêche étrangère , même de Hollande , depuis l'arrêt du 31 décembre 1745 , qui a révoqué les privilèges des Hollandois, la barri-que du poids de cinq cens livres à toutes les entrées , ſuivant le tarif de 1667, l'arrêt du 24 juin 1716, & les déciſions des 4 ſeptembre 1730, 27 juin 1746 & 8 mai 1749.

Sept livres dix ſols. Celles qui ſont apportées ſur des vaiſſeaux François , & pour le compte des ſujets du Roi, même les Huiles de foie de poiſſons, par l'arrêt du 24 juin 1716 , à toutes les entrées, la barrique du poids de cinq cens livres.

Nota. 1.° Celles qui proviennent de la pêche des François à l'Iſle royale, appelée ci-devant *l'Iſle du Cap-Breton* , ſont affranchies des droits d'entrée, par arrêt du 26 mars 1743 , pendant dix années, com-mencées le 1.ᵉʳ janvier 1744, en obſervant les for-malités preſcrites par cet arrêt.

Nota. 2.° Un autre arrêt du 26 ſeptembre 1741, établit les formalités qui doivent être remplies par les

Négocians qui vont à la pêche à l'Isle royale, à leur retour des isles françoises, pour jouir de l'exemption accordée aux Huiles provenant de cette pêche.

Nota. 3.° Les Huiles de foie & rogues provenant des morues de la pêche de Dunkerque, sont exemptes des droits d'entrée, par ordre du Conseil du 18 février 1714.

Nota. 4.° Par arrêt du 18 mai 1751, le Conseil a accordé pendant les six années du bail de Bocquillon, subrogé à Girardin, l'exemption des droits établis par l'édit du mois d'octobre 1710, & la déclaration du 21 mars 1716, qui seroient dûs indépendamment des droits ordinaires, sur les Huiles de baleine, morue & autres poissons provenant de la pêche des François, & destinées pour la consommation du Royaume, en remplissant les formalités prescrites par cet arrêt : elles sont les mêmes que celles établies par l'arrêt du 26 mars 1743.

Nota. 5.° En ce qui concerne les Huiles destinées pour les colonies françoises de l'Amérique. *Voyez* Marchandises que l'on envoye aux isles.

H U I L E S de Levant & de Barbarie. *Voyez* l'état des Marchandises du Levant.

I

Cinq livres. J A M B O N S, comme chairs salées, par arrêt du 29 juin 1688, le cent pesant.

> *Nota.* Les Jambons ne sont pas compris dans la défense de laisser sortir les lards & autres salaisons. *Voyez* l'état des Marchandises défendues à la sortie.
>
> Ils ne peuvent être expédiés pour le pays de Gabelles, à l'exception de ceux de Bayonne & de Mayence. *Voyez* C H A I R S S A L É E S.

J A S P E. *Voyez* M A R B R E.

Cinq sols. I M A G E S peintes, ou imprimées sur le papier, parchemin, vélin ou autres chofes femblables, doivent le droit du tarif de 1671, la livre pefant.

> *Nota.* 1.º Les papiers en feuilles, dorés & marbrés, enfemble ceux de cette efpèce fur lefquels on a empreint quelques repréfentations, ou collé de petits cartouches d'images de papier ou parchemin, ne doivent que les droits impofés fur le papier, par arrêt du 3 juillet 1692, à raifon d'une livre dix fols la rame, fuivant la décifion du 25 juin 1723.

> *Nota.* 2.º Les morceaux de papier ou de carton doré ou marbré, enfemble ceux de cette efpèce fur lefquels on aura empreint ou collé quelques repréfentations ou petits cartouches, ainfi que les empreintes fur matière de corne ou autre pareille compofition, font réputés Mercerie fuivant la même décifion, & comme tels ils doivent dix livres le cent pefant.

Néant.   **INDIGO**, venant des ifles françoifes de l'Amérique, & deftiné pour les manufactures du Pays conquis, jouit du privilège accordé aux matières fervant à la fabrication des ouvrages de ces manufactures, en forte que l'Indigo étant tiré à *néant* à l'entrée dans le tarif de 1671, le droit de cinq livres du cent pefant impofé par les lettres patentes du mois d'avril 1717, ne doit pas être perçû; le Confeil l'a ainfi décidé le 3 feptembre 1745.

> *Nota.* Le droit du domaine d'Occident n'eft pas compris dans cette exemption.

INDIGO des Indes & de la Chine. *Voyez* **MARCHANDISES** de la Compagnie des Indes.

IVOIRE. *Voyez* **DENTS D'ÉLÉPHANS.**

L

LABDANUM. *Voyez* l'état des Marchandifes du Levant.

                              LAINES

Néant. LAINES non filées , par arrêt du 12 novembre 1749 , à toutes les entrées.

Une liv. dix fols. LAINES de Vigogne , venant d'ailleurs que d'Efpagne , par arrêt du 22 décembre 1750 , à toutes les entrées , la livre pefant.

> *Nota.* Suivant le même arrêt , lorfqu'elles viennent directement d'Efpagne , elles jouiffent de l'exemption accordée par celui du 12 novembre 1749.

LAINES du Levant & de Barbarie. *Voyez* l'état des Marchandifes du Levant.

Trois livres. LAINES filées , venant d'Angleterre , par arrêt du 31 mai 1743 , le cent pefant.

LAINES , fortant du Royaume pour les pays étrangers , même pour les villes de Marfeille & Dunkerque , par arrêt du 7 feptembre 1728 , le cent pefant.

SAVOIR;

Pour celles non filées. . . . . *Vingt-cinq liv.*

Et pour celles filées. . . . . *Trente livres.*

> *Nota.* 1.º L'exécution de l'arrêt du 7 feptembre 1728 , en ce qui concerne le droit de fortie des Laines non filées , a été ordonnée par celui du 12 novembre 1749.
>
> *Nota.* 2.º Suivant un autre arrêt du 29 mars 1729 , les Laines filées & teintes , fervant à faire de la Tapifferie , ne font point comprifes dans celui du 7 feptembre 1728 , & ne doivent que les droits du tarif de 1671.
>
> Aux termes de la décifion du Confeil du 30 mai 1729 , on doit entendre par Laines filées & teintes , les Laines teintes & blanches , propres à faire de la tapifferie à l'aiguille fur un canevas , non les Laines propres à faire des tapifferies au métier. Elles font aifées à diftinguer , en ce que les premières font dégraiffées , blanchies , foufrées & pliées en

I

papier, au lieu que les autres ne font qu'en écrû, filées, fimples ou retorfes, & jamais pliées en papier.

Nota. 3.º Il y a une mauvaife Laine appelée *Crotelin*, qui tombe de la Laine quand on la nétoye, & qui ne doit que cinq pour cent de la valeur à la fortie, comme Marchandife omife au tarif de 1671.

Nota. 4.º Par arrêt du 7 novembre 1730, & par décifions du Confeil des 13 janvier 1744 & 17 mai 1749, il a été permis aux fabriquans de Bas établis à Saint-Amand, d'envoyer à la fois vingt-cinq à trente livres de Laine dans la châtellenie de Tournay, pour y être peignées, filées & tricotées, en payant annuellement trois cens livres à la ferme générale, par forme d'abonnement, & en prenant les précautions indiquées par l'arrêt de 1730, pour affurer la rentrée de ces Laines.

Nota. 5.º Il y a un arrêt du 28 juin 1723, portant réglement pour le tranfport des Laines, fils de fayette, cotons & autres matières fervant aux manufactures établies dans l'étendue des ville & châtellenie de Lille, & dans une lieue de la frontière de Flandre.

Quoique cet arrêt ait été principalement rendu à l'occafion des manufactures des ville & châtellenie de Lille, néanmoins fa difpofition eft générale, & regarde les Laines, fils de fayette, cotons & autres matières propres aux étoffes de quelque endroit que ce foit en Flandre, fuivant la décifion du 30 feptembre 1749.

Nota. 6.º Ceux qui fabriquent des Cazées à Maubeuge, Solre-le-Château, Couffolre, Renlies, & dans les villages des environs, fitués dans l'étendue des quatre lieues limitrophes de l'étranger, ne peuvent avoir chez eux une plus grande quantité de Laine que celle qui peut leur être néceffaire pour l'exploitation de leur fabrique pendant deux mois, conformément à l'arrêt du 6 juillet 1749.

L A P I N en peau ou en poil. *Voyez* à la lettre *P.*

Lapis azuly. *Voyez* l'état des Marchandises du Levant.

Cinq livres. Lard, à l'entrée, comme chair salée, par arrêt du 29 juin 1688, le cent pesant.

> *Nota.* 1.° Il ne peut être expédié pour le pays de Gabelles. *Voyez* Chairs salées.

> *Nota.* 2.° Lorsqu'il est destiné pour les colonies françoises, il est exempt de ce droit. *Voyez* l'article des Marchandises destinées pour les isles, & celui des Marchandises destinées pour la Louisiane.

Et à la sortie. *Voyez* l'état des Marchandises défendues.   *Défendu.*

Néant. Légumes, à l'entrée, suivant le tarif de 1671, la déclaration du Roi du 26 octobre 1740, & la décision du Conseil du 15 octobre 1742.

Et à la sortie. *Voyez* l'état des Marchandises défendues.   *Défendus.*

> *Nota.* Les graines de lin, de colzat ou navette, de chanvre, de luserne & de moutarde, ne doivent pas être comprises sous la dénomination de légumes, parce qu'elles ne sont point comestibles, ainsi que le Conseil l'a décidé le 27 août 1716, pour la graine de lin; le 21 décembre 1719, pour la graine de navette; le 9 octobre 1739, pour la graine de luserne; & le 2 juillet 1740, pour la graine de moutarde: décisions qui s'appliquent également à la graine de chanvre; d'où il résulte que si la défense de laisser sortir les graines servant à faire de l'huile, dont les trois premières espèces font partie, étoit levée, on ne pourroit s'opposer à la sortie de ces trois espèces de graines, quoique la défense concernant la sortie des Légumes, subsistât.

> Par la même raison, si la sortie des Légumes étoit permise sans payer aucun droit, on ne pourroit étendre cette exemption aux différentes espèces de graines ci-dessus dénommées, suivant les arrêts des 4 novembre 1718 & 18 octobre 1723, rendus pour la graine de lin.

> L'entrée de ces graines n'est susceptible d'aucune observation, parce qu'elles sont tirées à *néant* dans le tarif de 1671.

Librairie. Suivant les arrêts & règlemens des 11 juin 1710, 19 juin & 28 décembre 1717, 28 février 1723, 10 juin 1735, 31 octobre 1738, & 21 juin 1746, les livres & livrets ne peuvent entrer dans le Royaume que par les villes de Paris, Rouen, Nantes, Bordeaux, Marseille, Lyon, Strasbourg, Metz, Reims, Amiens, Lille & Calais; par le bureau des fermes établi aux Rousses, sur la frontière de Franche-Comté; & finalement par ceux de Scissel & Villeneuve : à peine de confiscation.

Nota. 1.° Les livres & livrets destinés pour le Pays conquis ou autres provinces du Royaume, peuvent être expédiés par acquit à caution au bureau de la basse ville de Dunkerque, & autres premiers bureaux d'entrée, en prenant la précaution de plomber les ballots, caisses ou paquets qui les renferment, pour être conduits & représentés au bureau des fermes à Lille, remis ensuite à la chambre syndicale des Libraires de la même ville, & delà passer à leur destination, suivant l'arrêt du 28 décembre 1717.

Nota. 2.° Les livres, tant manuscrits qu'imprimés ou gravés, reliés ou non reliés, vieux ou neufs, les estampes, cartes géographiques, même les fontes, lettres & caractères d'Imprimerie, vieux ou neufs, & l'encre d'Imprimerie venant des pays étrangers, ou des villes & provinces du Royaume, sont exempts de tous droits d'entrée, conformément à l'article II du règlement du 28 février 1723 ; mais pour que ces Marchandises puissent jouir de l'exemption, l'article III ordonne de mettre sur chaque balle, ballot, tonne, tonneau, caisse, coffre, malle, banne ou paquet, ces termes, *Livres, Caractères d'Imprimerie, Encre d'Imprimerie.*

Nota. 3.° En conformité de la décision du Conseil du 2 février 1752, les estampes d'Angleterre doivent être admises à l'entrée, en observant les formalités prescrites pour la Librairie.

Nota. 4.º Les livres, estampes & cartes géographiques qui passent à l'étranger, ne doivent point de droits à la sortie, suivant le même article II du règlement de 1723, en remplissant ce qui est prescrit pour l'exemption à l'entrée.

L I E, ou marc de vin. *Voyez* l'état des Marchandises défendues à la sortie. . . . . *Défendue.*

Néant. L I N de toute qualité, en masse & non apprêté, par arrêts des 23 mars 1734 & 12 novembre 1749, à toutes les entrées.

> *Nota.* Tous les Lins sans exception, autres que ceux passés au seran & prêts à être filés, doivent jouir de l'exemption, sans considérer si avant d'avoir été mis en cet état de perfection, ils avoient reçû quelque premier apprêt, ainsi qu'il résulte de la décision du Conseil du 26 octobre 1750.

Une liv. dix sols. L I N de toute sorte, fin & commun, peigné ou façonné, sans distinction de qualité, par l'arrêt du 23 mars 1734, le cent pesant.

Et à la sortie. *Voyez* l'état des Marchandises défendues. *Défendu.*

> *Nota.* Quoique la sortie du Lin soit défendue, néanmoins l'arrêt du 25 octobre 1723, permet aux maîtres Mulquiniers de la ville de Valenciennes, d'envoyer chaque fois cinq ou six livres de Lin sur terre étrangère, pour y être filé & revenir ensuite, sans payer aucuns droits de sortie ni d'entrée, en remplissant les conditions & les formalités prescrites par cet arrêt.

L I N du Levant. *Voyez* l'état des Marchandises du Levant.

Quarante livres. L I N G E de table, sous les dénominations de damassés, petite Venise ou rosette, Pavie, yeux de paon, yeux de perdrix & autres, entrant pour la consommation du pays conquis, ou pour passer dans les Cinq grosses fermes, par arrêt du 23 novembre

1688, & décisions du Conseil des 21 juillet 1718 & 9 janvier 1736, le cent pesant.

> *Nota.* Ce Linge ne peut entrer dans le Pays conquis que par Lille & Valenciennes, & dans l'ancienne France, que par Péronne, Amiens & Saint-Quentin. *Voyez* l'état des Marchandises dont l'entrée dans le Pays conquis est fixée par certains bureaux.

LINGE vieux, vieux drapeaux, drilles & pattes, rognures de peaux & parchemin, & autres semblables matières servant à la fabrication du papier, par arrêt du 8 mars 1733, le cent pesant. . . . . . . *Trente livres.*

> *Nota.* Ce droit est également dû sur les mêmes matières transportées à Dunkerque & Marseille, conformément à l'arrêt du 6 mai 1738.

LINGETTES. *Voyez* ÉTOFFES.

LYTARGE. *Voyez* PLOMB.

M

MAILLONS de verre, propres à fabriquer des étoffes de soie, d'or & d'argent, peuvent passer à l'étranger, suivant la décision du Conseil du 16 septembre 1743, en payant les droits de sortie.

MALLES, malettes & bougettes. *Voyez* MERCERIE.

Défendue.   MANIQUETTE en poudre. *Voyez* l'état des Marchandises défendues à l'entrée.

MANUFACTURES du Pays conquis : les matières premières que l'on y emploie, & les Marchandises qui en proviennent, jouissent de la liberté du *transit* au travers du Royaume, en exemption de tous droits, suivant les arrêts des 15 juin 1688, 14 juin 1689, 20 juin 1713, 31 mai 1732 & 15 juin 1739, pourvû que les matières premières entrent, & que les Marchandises fabriquées sortent par les

> *Nota. L'arrêt du 5 juin 1744, qui avoit permis pendant la guerre le transit de ces matières & marchandises par certains ports, indépendamment des bureaux fixés par les réglemens cités dans cet article, a été révo-*

bureaux qui y font défignés ; pourvû auffi que les *qué par autre arrêt du 26 mars 1749.* formalités qui y font prefcrites aient été remplies.

Aux termes de ces arrêts, le bureau de Lille eft le feul où les matières premières doivent être conduites à leur arrivée, & où les Marchandifes fabriquées doivent être expédiées pour leur deftination.

Mais ces arrêts particuliers au *tranfit* des manufactures du Pays conquis, ne doivent plus avoir d'application, pour la fortie, qu'aux efpèces de Marchandifes fabriquées dans ce pays, qui ne feroient point comprifes dans les arrêts des 13 octobre & 19 novembre 1743, & dont on pourroit prétendre l'exemption en Flandre, en vertu du privilège particulier du *tranfit*. *Voyez* à l'article des Marchandifes du Royaume qui peuvent paffer à l'étranger en exemption de droits, les explications auxquelles les arrêts de 1743 ont donné lieu.

Quant à l'entrée des matières premières, le privilège particulier du *tranfit* devient inutile à celles que l'arrêt du 12 novembre 1749 a affranchies de tous droits à toutes les entrées du Royaume ; les matières dénommées dans cet arrêt font les laines non filées, les cotons en laine, les chanvres & lins en maffe & non apprêtés, les poils de chameau & chevreau, & les poils de chevre filés & non filés : mais il doit s'appliquer aux autres matières qui demeurent affujéties aux droits, parce qu'il s'étend à toutes les matières fervant à la fabrication, fans diftinction de celles qui font apprêtées : il y a de plus différentes drogues fervant aux manufactures, notamment l'indigo, qui par décifion du Confeil du 3 feptembre 1745, a été jugé être dans le cas de jouir du bénéfice du *tranfit* pour les manufactures du Pays conquis. Ainfi lorfque toutes ces efpèces non comprifes dans l'arrêt du 12 novembre 1749, font déclarées en *tranfit* pour le Pays conquis, elles fe trouvent néceffairement fujettes aux formalités preferites par les arrêts de 1688, 1689 & autres fubféquens.

Vingt-quatre livres. MAQUEREAUX falés, provenant de la pêche des étrangers, même de celle des Hollandois, attendu la révocation de leurs privilèges, le feth de douze barrils, à toutes les entrées, par arrêt du 4 octobre 1691.

Trois fols. MARBRE cru, à l'entrée, par arrêt du 29 feptembre 1705, chaque pied en quarré.

Trois livres. MARBRE travaillé, à l'entrée, fuivant le tarif de 1671 & la décifion du 2 août 1753, le cent pefant.

MARBRE du pays ou Jafpe, cru, doit à la fortie le droit du tarif de 1671, à l'article du *Jafpe*, fuivant les décifions des 12 février 1723 & 29 décembre 1747, chaque pied cube du poids de deux cens livres. *Deux fols fix deniers.*

MARBRE du pays ou Jafpe, travaillé, doit à la fortie cinq pour cent de la valeur, fuivant la décifion du Confeil du 5 août 1751. . . . . *Cinq pour cent.*

> *Nota.* Il réfulte de ces décifions que le droit d'une livre dix fols du cent pefant, impofé à la fortie par le tarif de 1671, à l'article du *Marbre*, ne doit s'appliquer qu'au Marbre qui feroit venu des provinces du Royaume ou de l'étranger, dans le Pays conquis, & qui en fortiroit après y avoir été travaillé.

MARCHANDISES fines d'or, d'argent & de foie, doivent s'acquitter au poids net, fuivant l'article final du tarif de 1671, & l'article II du titre I de l'ordonnance de 1687.

MARCHANDISES

On fent aifément que ce principe n'a d'application
qu'aux Marchandifes & denrées qui vont par terre;
car par rapport à celles qui s'expédient par mer,
elles font fujettes aux droits de fortie, quelque
deftination qu'on leur donne.

MARCHANDISES DU PAYS CONQUIS,
deſtinées pour l'ancienne France ou pour l'Étranger.

Celles deſtinées pour l'ancienne France ne ſont point dans le cas de payer les droits de ſortie du tarif de 1671 , parce qu'ils ne ſe perçoivent que ſur les Marchandiſes & denrées allant à l'étranger ; mais à leur entrée dans les Cinq groſſes fermes, elles doivent acquitter les droits du tarif de 1664 , ou des arrêts & règlemens poſtérieurs & particuliers à ce tarif.

Celles qui paſſent à l'étranger , doivent les droits de ſortie du tarif de 1671 , ou des arrêts & règlemens poſtérieurs. Il eſt à remarquer que le Houblon , le Vinaigre & autres Marchandiſes ou denrées , tirées à *néant* dans ce tarif, tant à l'entrée qu'à la ſortie , & non impoſées par des arrêts poſtérieurs , ne doivent jouir de l'exemption à la ſortie , qu'autant qu'elles ſont accompagnées de certificats des Curés , Baillis & autres perſonnes dignes de foi , pour juſtifier qu'elles ſont du crû des terres de Sa Majeſté , ou depuis long-temps dans le pays , ſans quoi les Receveurs doivent leur faire payer cinq pour cent de la valeur, conformément à l'arrêt du 4 février 1720.

MARCHANDISES DE L'ANCIENNE FRANCE,
allant à l'étranger par le Pays conquis.

Lorſqu'elles ſont accompagnées de l'acquit de payement des droits de ſortie du tarif de 1664 , elles peuvent aller à leur deſtination , en exemption des droits de ſortie du tarif de 1671 , conformément à l'article CCXLIX du bail de Forceville ,

K

non feulement quand elles paſſent debout & ſans entrepôt, mais encore lorſqu'elles ſortent dans le délai de trois mois, ainſi qu'il ſe pratique à l'entrée pour les Marchandiſes étrangères. On y a conſenti pour la facilité du commerce, ſuivant les déciſions des 13 février 1730, 4 juillet 1735 & 23 novembre 1747, pourvû néanmoins qu'elles n'aient pas changé de main dans le cours des trois mois.

MARCHANDISES DU ROYAUME
qui peuvent paſſer à l'étranger en exemption de droits.

Elles ſont dénommées dans les arrêts des 13 octobre & 19 novembre 1743, & dans les lettres patentes du 22 décembre de la même année.

Ce ſont les Etoffes & Tapiſſeries compoſées de pure laine, celles de pure ſoie, celles de poil, celles de coton, celles de fil, & celles mêlées de ces différentes matières, ou avec or & argent, en quelque quantité & proportion que ce ſoit; les ouvrages de Bonneterie fabriqués auſſi des mêmes matières, les Toiles de toute eſpèce, & les Chapeaux de toutes ſortes.

Pour jouir de cette exemption, il faut qu'elles ſoient envoyées directement à leur deſtination, & qu'elles ſortent par les bureaux déſignés dans les arrêts & lettres patentes des 10 octobre 1744, 1.er mars 1746 & 1.er juillet 1749, ſavoir; par mer, ceux de Dunkerque, Calais, Boulogne, Saint-Valery-ſur-Somme, Dieppe, Saint-Valery-en-Caux, du Havre, de Rouen pour ce qui ne paſſera point au Havre, de Honfleur, Caën, Granville, Saint-Malo, Morlaix, Breſt, Port-Louis, Nantes & de-là par Painbœuf, Rochefort, la

Rochelle, Bordeaux, Bayonne, Perpignan, Narbonne, Agde, Cette, Arles, Marfeille & Toulon.

Et par terre, ceux de Dunkerque, Lille, Valen-
ciennes, Maubeuge, Givet, Torcy, Sedan, Ro-
croy, Sainte-Menehould, Saint-Dizier & Sierk,
Clefmont, Thionville, Courcelles-Chauffy,
Strafbourg, Bourgfelden, Jougues, des Rouffes,
Morteau, Juffey, Seiffel, Colonges, Pont-de-
Beauvoifin, Chaparillan, Perpignan & Boullou,
Saint Laurent-du-Var, Saint-Jean-pied-de-Port.

Il faut auffi que les formalités prefcrites par ces différens règlemens, foient exactement remplies.

Suivant les explications données le 12 décembre 1743,
ces règlemens ne doivent rien innover à l'expédition des Marchandifes qui ont été fabriquées dans
le Pays conquis, & auxquelles le tarif de 1671
accorde l'exemption des droits de fortie pour
l'étranger ; ainfi il faut continuer de les expédier
conformément à l'arrêt du 1.er mars 1712.

On doit en ufer de même pour les Toiles du Pays
conquis, lorfqu'on les envoye à l'étranger par les
bureaux de Flandre ou du Haynault ; à la vérité,
les fines & les communes ont été impofées à des
droits de fortie par le tarif de 1671, mais comme
elles en font actuellement exemptes, & qu'il n'y
auroit aucun inconvénient que cette efpèce, même
les autres Marchandifes du Pays conquis comprifes
dans les arrêts & lettres patentes de 1743, & qui
auroient été déclarées pour l'étranger, reftaffent
dans la Flandre françoife, ou d'une façon ou d'autre
elles ne doivent aucuns droits ; il s'enfuit que le
point intéreffant confifte à les vifiter exactement
lors de leur paffage à l'étranger, pour empêcher
le mélange & la fraude des Marchandifes fujettes

aux droits de sortie, qu'on pourroit faire paſſer à la faveur de celles qui ſont exemptes.

Il ne faut non plus rien innover à ce qui ſe pratique pour l'expédition du *tranſit*, mais on doit obſerver que dans tous les bureaux du Pays conquis, autre que celui de Lille, où les Marchandiſes exemptes par les arrêts & lettres patentes de 1743, pourroient être déclarées pour paſſer à l'étranger au travers du Royaume, il eſt eſſentiel de ſe conformer, tant pour les formalités que pour les routes, à tout ce qui eſt preſcrit par ces règlemens & par ceux de 1744 & de 1746, ci-deſſus mentionnés, afin d'empêcher que ces Marchandiſes ne reſtent dans l'intérieur en fraude des droits qui y ſont dûs : à l'égard de ce qui ſera déclaré par *tranſit* au bureau de Lille, il faudra exécuter ce que les règlemens particuliers du *tranſit* ont preſcrit, en ce qui concerne les formalités & les routes.

MARCHANDISES DE RETOUR.

Les droits d'entrée & de ſortie ſont dûs autant de fois que les Marchandiſes paſſent & repaſſent par les bureaux, ſans que les Receveurs doivent ni puiſſent reconnoître ſi elles ſont de renvoi ou non ; c'eſt ce que le Conſeil a décidé dans toutes les occaſions qui ſe ſont préſentées, & notamment les 7 mai 1736 & 17 janvier 1751. Ainſi les Receveurs ne doivent point s'écarter de ce principe ſans y être expreſſément autoriſés, bien entendu que ces Marchandiſes ne ſeront pas de l'eſpèce de celles dont l'entrée dans le Royaume eſt défendue par les règlemens.

MARCHANDISES destinées soit en général pour le Pays conquis, soit en particulier pour Gravelines ou pour l'hôpital de Lille, avec l'état de celles dont l'entrée dans le même pays est fixée par certains bureaux.

Tout ce qui est destiné pour le Pays conquis, soit qu'il entre par mer de quelque pays qu'il vienne, même de France ; soit qu'il entre par terre du côté de l'étranger seulement, doit les droits d'entrée du tarif de 1671, ou des arrêts & règlemens postérieurs.

Les Magistrats de Gravelines ont prétendu que toutes sortes de Marchandises venant par mer ou par terre pour rester dans les villes & châtellenies de Gravelines & de Bourbourg, ou pour passer à l'étranger, ne devoient être assujéties à aucuns droits suivant un arrêt du 10 mai 1661, mais l'ordonnance de M. l'Intendant de Flandre, du 30 octobre 1748, les a déclarés mal fondés dans leur prétention.

Les Administrateurs de l'hôpital général établi à Lille en vertu des lettres patentes du mois de juin 1738, ayant fait des représentations sur ce qu'au préjudice des exemptions accordées par l'article XVIII de ces lettres patentes, on assujétissoit aux droits d'entrée tout ce qu'ils étoient obligés de tirer de l'étranger, soit pour la construction & l'entretien des bâtimens, soit pour l'usage & la consommation des pauvres, soit pour l'aliment des manufactures établies dans l'enceinte de l'hôpital ; le Conseil décida le 15 avril 1745, que leurs représentations n'étoient pas fondées ; le motif de cette décision fut que les lettres patentes de 1738 ne contenoient point une exemption précise des droits de traites auxquels tout ce qui entre sans distinction est assujéti.

E´TAT des Marchandifes dont l'entrée dans le Pays conquis eft fixée par certains bureaux à l'exclufion de tous autres.

Café des ifles françoifes de l'Amérique, ne peut entrer que par Dunkerque, fuivant l'arrêt du 29 mai 1736. *Voyez* l'article du *Café* dans l'ordre alphabétique de cette inftruction.

Cuirs étrangers, ne peuvent entrer en Haynault que par les bureaux du Blammifferon & de Vieuxrengt, à peine de confifcation tant des cuirs que des équipages, & de trois cens livres d'amende, conformément à l'ordonnance rendue par M. l'Intendant de cette province, le 7 novembre 1748.

Dentelles de fil, Points-coupés & Paffemens, ne peuvent entrer dans le Pays conquis que par les bureaux de Lille & Valenciennes, à peine de confifcation, tant de la Marchandife que des équipages, & de trois mille livres d'amende, fuivant l'arrêt du 30 décembre 1719.

> *Nota.* Celles de la Flandre françoife, du Haynault françois & de l'Artois, ne peuvent paffer dans l'étendue des Cinq groffes fermes que par les bureaux d'Amiens, Péronne & Saint-Quentin, conformément au même arrêt & fous les mêmes peines.
>
> Il en doit être ainfi de celles de la Flandre étrangère.

Drogueries & *E´piceries,* ne peuvent entrer que par Dunkerque, fuivant l'arrêt du 28 juin 1723 & la décifion du Confeil du 9 mars 1748, à peine de confifcation & de trois cens livres d'amende, relativement à l'ordonnance de 1687, titre III, article I.er

E´toffes de foie & Velours des fabriques de la Flandre étrangère, deftinés pour le Pays conquis, ne peuvent entrer que par les bureaux de Lille & Valenciennes, fuivant l'arrêt du 30 décembre 1704, à peine de confifcation, tant de la Marchandife que des équipages, & de trois mille livres d'amende.

> *Nota.* Lorfqu'elles font deftinées pour les Cinq groffes fermes, elles ne peuvent être expédiées dans les deux bureaux ci-deffus que pour paffer par ceux d'Amiens, Péronne & Saint-Quentin, fuivant le même arrêt.

Linge de table, venant de la Flandre étrangère, ne peut entrer dans le Pays conquis que par les bureaux de Lille & Valenciennes, à peine de confifcation, tant de la Marchandife que des équipages, & de trois mille livres d'amende, conformément à l'arrêt du 30 décembre 1704.

> *Nota.* Lorfque ce Linge eft deftiné pour les Cinq groffes fermes, il ne peut être expédié dans les deux bureaux ci-deffus défignés que pour paffer par ceux de Péronne, Amiens & Saint-Quentin, fuivant le même arrêt.

Librairie, ne peut entrer dans le Pays conquis que par le bureau de Lille, à peine de confifcation, fuivant les règlemens cités à l'article de la *Librairie*, dans l'ordre alphabétique de cette inftruction.

Marchandifes des iftes françoifes de l'Amérique, ne peuvent entrer que par Dunkerque, qui eft le feul port de la Flandre où il foit permis d'armer pour ces colonies. Voyez *Marchandifes des Ifles* dans l'ordre alphabétique de cette inftruction.

Sel de France, ne peut entrer dans le Pays conquis que par les ports de Dunkerque & Gravelines, fuivant les règlemens cités à l'article du *Sel*, dans l'ordre alphabétique de cette inftruction.

> *Nota.* Ce Sel ne peut être expédié pour l'ancienne France. *Voyez* les obfervations fur le même article.

Sel Gemme.
Sel d'Epfum.
} Ne peuvent entrer que par Dunkerque, comme Droguerie, & ne peuvent être expédiés pour l'ancienne France, où l'entrée en eft fixée par Rouen, Saint-Valery & Ingrande, par arrêts des 13 octobre 1711 & 30 mars 1719.

Sel nitre, ne peut non plus entrer que par Dunkerque, ni être expédié pour l'ancienne France. *Voyez* son article dans l'ordre alphabétique de cette inſtruction.

Tabac étranger, ne peut entrer que par les bureaux de Dunkerque, Wervick & Comines, ſous les peines portées par les règlemens rendus ſur le fait de l'introduction du faux Tabac dans l'étendue de la ferme où le privilège de la vente excluſive a lieu, ſuivant l'arrêt du 17 juin 1749.

Tableaux & *Peintures* venant de la Flandre étrangère, ne peuvent entrer que par Lille & Valenciennes, à peine de confiſcation & de trois mille livres d'amende, ſuivant l'arrêt du 30 décembre 1704.

> *Nota.* S'ils étoient deſtinés pour les Cinq groſſes fermes, ils ne pourroient être expédiés dans ces deux bureaux que pour paſſer par ceux de Péronne, Amiens ou Saint-Quentin, aux termes du même arrêt.

Verres & ouvrages de verreries étrangères, ne peuvent entrer par terre en Flandre, que par les bureaux de Lille & de la baſſe ville de Dunkerque; & dans le Haynault, que par ceux de Valenciennes, Maubeuge & Givet, à peine de confiſcation, tant des Marchandiſes que des voitures, & de trois cens livres d'amende, conformément à l'arrêt du 15 août 1752.

Les fixations portées par les règlemens, pour la deſtination de l'ancienne France, ne regardent que les Marchandiſes étrangères, & non celles du crû ou fabrique du Pays conquis, à moins que l'entrée ne s'en trouve auſſi expreſſément fixée par les règlemens.

MARCHANDISES

MARCHANDISES *qui viennent de Dunkerque,*
ou que l'on y envoie.

Les droits du tarif de 1671 , ou des arrêts & règlemens poftérieurs , doivent être perçûs au bureau de la baffe ville de Dunkerque, fur les Marchandifes qui fortent de la haute ville pour entrer dans le Pays conquis, & fur celles qui fortent de ce pays pour entrer dans la haute ville , foit par terre , foit par les canaux , conformément à la déclaration du Roi du mois de novembre 1662 , aux arrêt & lettres patentes des 30 janvier & 16 février 1700, & à l'arrêt du 10 octobre 1716.

Suivant ces règlemens & les principes de la franchife qu'ils accordent, tant à la ville & au port de Dunkerque, qu'au canal de Mardick , les Marchandifes du crû ou des fabriques de France qui viennent par Dunkerque pour la confommation du Pays conquis , devroient être regardées comme étrangères , & par conféquent être affujéties aux mêmes droits fans diftinction , néanmoins il ne faut point les confondre lorfqu'elles font accompagnées des certificats requis par l'arrêt du 13 octobre 1722. *Voyez* cet arrêt & la décifion du 2 août 1751.

La Chambre de Commerce de Dunkerque avoit demandé que le Confeil voulût bien , pour favorifer le commerce des eaux de vie venant des ports de France , difpenfer les négocians de les faire paffer de Dunkerque en Flandre dans le délai de fix mois fixé par l'article III de l'arrêt du 13 octobre 1722 , & leur accorder un temps illimité , fans être obligés de payer les droits d'entrée à raifon de vingt - quatre livres l'aime , conformément au tarif de 1671 , c'eft-à-dire, en payant feulement le droit de fix livres l'aime , porté par l'arrêt du 6 décembre

L

1681 ; mais le Confeil n'eut aucun égard à cette demande, il décida le 4 mai 1753 , que l'arrêt de 1722 devoit être littéralement exécuté.

Par autre arrêt du 20 juillet 1700, les briques , la chaux * & les denrées comeftibles , telles que le gibier, les volailles, le beurre en livre & en pain , les œufs, le poiffon d'eau douce, les bœufs , les veaux & les moutons qui paffent du Pays conquis dans la haute ville de Dunkerque font exemptes des droits de fortie , à l'exception cependant des fromages.

Le heurre en cuvette & le bois ne font pas non plus compris dans cette exemption , fuivant la décifion du 18 août 1749.

Les lettres patentes du 23 novembre 1732 , accordent aux entrepreneurs & aux principaux ouvriers de la verrerie établie dans la baffe ville de Dunkerque par le fieur Morel, auquel le fieur Claverye a été fubrogé, l'exemption de tous droits d'entrée fur les vins & biéres néceffaires pour leur confommation , qui doit être fixée par M. l'Intendant.

Le fieur Colnet entrepreneur d'une nouvelle verrerie dans le même lieu , avoit fait des repréfentations au Confeil pour obtenir, 1.° Que les matériaux , uftenfiles , bois de conftruction, fer, ferrailles, & généralement tout ce qui feroit néceffaire à l'étabiffement de fa verrerie , fuffent affranchis des droits d'entrée.

2.° Que la même exemption fût accordée à tous les ingrédiens qui peuvent fervir à la compofition & à la préparation des matières propres à faire des verres à boire , bouteilles , verres à vitres , criftaux & émaux.

3.º Que les verres & criſtaux qui proviendroient de
ſa verrerie fuſſent déclarés exempts des droits de
ſortie.

4.º Que les charbons de terre qu'il tireroit des mines
du Haynault françois pour la conſommation de ſa
verrerie, puſſent être conduits par la voie des
canaux à Oſtende, & là être déchargés & rechargés
de bord à bord des bateaux, ſur les navires qui
feroient deſtinés à les tranſporter à Dunkerque.

Mais ces quatre chefs de demande furent refuſés par
déciſion du Conſeil du 30 mai 1751.

Le charbon de terre étranger ne peut être employé
dans ces verreries. *Voyez Charbon de terre* dans
l'ordre alphabétique de cette inſtruction. *Voyez
auſſi* l'article des *Bouteilles.*

Le ſieur de la Ruelle entrepreneur d'une manufacture
de pipes en la baſſe ville de Dunkerque, avoit auſſi
fait des repréſentations pour obtenir l'exemption
des droits de ſortie ſur les uſtenſiles à l'uſage de
ſa fabrique, qu'il envoie quelquefois dans la haute
ville pour être raccommodés, & l'exemption des
droits d'entrée ſur les mêmes uſtenſiles quand il les
fait revenir chez lui; il avoit en outre demandé
cette exemption ſur les matériaux qu'il tireroit de
la haute ville, pour des conſtructions qu'il projétoit;
mais le Conſeil par déciſion du 7 juin 1752, rejeta
ces différens objets de demande.

MARCHANDISES ÉTRANGÈRES
deſtinées pour l'ancienne France.

Elles ne ſont point ſujettes aux droits du tarif de
1671, ni à ceux impoſés par des arrêts poſtérieurs
& particuliers au Pays conquis; mais afin d'aſſurer
les droits du tarif de 1664 ou des arrêts poſtérieurs
& particuliers aux Cinq groſſes fermes, on doit les

expédier par acquit à caution à leur arrivée dans les bureaux du Pays conquis, en conformité de l'article CCXLIX du bail de Forceville.

Aux termes du même article, celles qui fe trouvent affujéties à des droits exigibles à toutes les entrées, par des arrêts & règlemens poftérieurs aux tarifs de 1664 & 1671, doivent acquitter ces droits dans les bureaux du Pays conquis, foit qu'elles foient deftinées pour ce pays, foit qu'elles le foient pour l'étendue des Cinq groffes fermes.

Suivant une convention faite entre la Chambre de Commerce de Lille & la Compagnie, le 24 feptembre 1728, les Marchandifes qui en arrivant dans le Pays conquis ont acquitté les droits portés par les nouveaux règlemens uniformes à toutes les entrées, jouiffent de l'exemption des droits du tarif de 1664, lorfqu'elles paffent dans les Cinq groffes fermes dans l'efpace de trois mois, à compter du jour de leur arrivée dans le Royaume; mais après trois mois de féjour dans le Pays conquis, elles font affujéties aux droits du tarif de 1664.

Pour jouir de cette exemption, elles doivent être accompagnées d'un certificat de payement du bureau de Lille, dans lequel les Commis font obligés d'exprimer la qualité, la quantité & le poids des Marchandifes qu'il a pour objet, conformément à la décifion du 25 février 1746, cette précaution ayant paru néceffaire pour empêcher que les Marchandifes patrimoniales, ou devenues telles, ne profitent d'une faveur qui n'eft accordée qu'aux Marchandifes étrangères.

Il faut encore, pour jouir de cette exemption, qu'elles n'aient point changé de main, c'eft-à-dire qu'elles n'aient point été commercées, ainfi qu'on l'a décidé le 12 novembre 1734.

On a accordé aux Marchandiſes des Colonies françoiſes de l'Amérique une faveur plus étendue, il
n'y a point de temps limité pour elles. *Voyez Marchandiſes* qui viennent des Iſles.

MARCHANDISES ÉTRANGÈRES
deſtinées pour Lyon.

Celles qui ſont impoſées à un droit uniforme à toutes
les entrées du Royaume, doivent payer ce droit en
entier, quoique deſtinées pour Lyon, ſuivant les
déciſions des 3 août 1741, 18 avril 1748 & 30
août 1751.

Il faut excepter celles qui ſont ſujettes aux droits du
tarif de 1667, elles ne doivent que la moitié de
ces droits, ayant été déchargées de l'autre moitié
par arrêt du 27 octobre de la même année, à condition qu'elles ſeront conduites directement à Lyon,
qu'elles y acquitteront les droits de la douane, &
qu'on en rapportera certificat de payement dans le
délai de deux mois.

Néanmoins le droit de quinze livres du cent peſant,
impoſé par le tarif de 1667 ſur les Baleines coupées & apprêtées, eſt dû en entier, quoiqu'elles
ſoient deſtinées pour Lyon, ſuivant l'arrêt du 13
décembre 1748; mais il les décharge des droits
de la douane de cette ville.

Il en eſt de même des Baleines en fanons, le droit
entier de trente livres du cent en nombre, du
poids de trois cens livres ou environ, porté par le
tarif de 1667, en doit être perçû; & au moyen de
l'acquit qui les accompagne, elles ne ſont plus
ſujettes aux droits de la douane de Lyon, ſuivant
la déciſion du 13 janvier 1749.

En ce qui concerne les Marchandiſes des colonies

françoifes de l'Amérique , deftinées pour Lyon.
Voyez Marchandifes qui viennent des Ifles.

MARCHANDISES DE HOLLANDE.

Les avantages accordés aux Hollandois par le traité
de commerce du 21 décembre 1739, ayant été
révoqués par arrêt du 31 décembre 1745, il n'y
a plus de diftinction à faire entre les Marchandifes
venant de Hollande & celles qui viennent des autres
pays étrangers, ainfi qu'on l'a obfervé fur l'article
de chaque efpèce de Marchandife qui avoit été
comprife dans le traité ci-deffus daté , à l'exception
néanmoins de la Morue verte. *Voyez* fon article
dans l'ordre alphabétique de cette inftruction.

MARCHANDISES DES VILLES ANSÉATIQUES.

Par le traité de commerce du 28 feptembre 1716, les
droits d'entrée ayant été modérés fur certaines
Marchandifes venant des villes Anféatiques , on les
a comprifes dans cette inftruction fuivant leur ordre
alphabétique.

Elles doivent être accompagnées des certificats des
Bourg-meftres & Magiftrats de ces villes, pour
juftifier qu'elles en viennent.

Les villes qui doivent jouir de cette modération, fous
le nom d'*Anféatiques* , font Lubec , Bremen, Ham-
bourg & Dantzick ; les trois premières aux termes
du traité de 1716, & l'autre en conféquence d'un
arrêt du 4 décembre 1725.

MARCHANDISES D'ANGLETERRE
& des pays en dépendans.

Les unes étant permifes, on les a inférées dans cette
inftruction fuivant leur ordre alphabétique ; les autres
étant défendues , on a formé un état de celles qui

Ces certificats font requis par le traité de 1716, article XXXIII, dont l'exécution a été ordonnée par les lettres patentes du 28 avril 1718 ; & ils ne peuvent produire d'effet lorfqu'ils font rapportés après coup, fuivant l'article que l'on vient de citer, & la décifion du Confeil du 21 mars 1750.

l'ont été nommément ; le furplus fe trouve compris dans la défenfe générale dont on aura foin de parler , après avoir donné l'état que l'on vient d'annoncer.

É'TAT des Marchandifes d'Angleterre , d'E'coffe , d'Irlande & autres pays en dépendans, dont l'entrée dans le Royaume eft défendue.

Nota. Les Marchandifes à l'article defquelles il n'y a point de citation, font coinprifes dans l'arrêt du 6 feptembre 1701,.

Bas de toute forte & autres ouvrages de Bonneterie de foie, laine, fil ou coton, faits à l'éguille ou au métier.

Biére en futailles ou autres vaiffeaux , excepté en bouteilles. *Voyez Biére* dans l'ordre alphabétique de cette inftruction.

Bois merrain de la nouvelle Angleterre, décifion du Confeil du 20 février 1739.

Bois de teinture venant de l'Amérique angloife ,. décifion du Confeil du 15 février 1720.

Boutons de foie, de crin, fil ou autre matière.

Boutons appelés *Pinfbeck*, décifion du Confeil du 25 janvier 1740.

Bray ou *Gaudron*, des Colonies angloifes, décifion du Confeil du 22 mars 1719, & arrêts des 5, avril & 26 juillet 1723.

Chanvre, décifion du Confeil du 7 avril 1753.

Chapeaux, de quelque matière & qualité qu'ils foient,.

Cidre, foit en bouteilles, tonneaux ou autrement, ordre du 11 juillet 1737, en conféquence d'une décifion du Confeil.

Coutellerie de toute forte.

Couvertures de laine, de toute forte, fines, moyennes ou groffes.

Cuirs tannés, **corroyés** & apprêtés, de toute forte; arrêts des 6 feptembre 1701 & 26 mars 1718.

Drogueries & *E'piceries*.

E'tain ouvré, arrêts des 6 feptembre 1701 & 20 mai 1738.

E'toffes de toute forte de qualité & matière.

Fayence ou *Poterie*, décifion du Confeil du 16 août 1740 & arrêt du 12 mars 1743.

Gands de toute forte.

Habits vieux ou neufs, décifion du Confeil du 17 décembre 1716.

> *Nota.* 1.º Néanmoins fuivant cette décifion, les paffagers qui viennent d'Angleterre & des pays en dépendans, peuvent apporter avec eux deux ou trois habits pour leur ufage.
>
> *Nota.* 2.º Il y auroit lieu à la perception des droits d'entrée fur ces habits s'ils étoient neufs.

Mercerie de toute forte.

Montres de poche, *Pendules* & autres ouvrages d'Horlogerie.

Plomb ouvré ou laminé, arrêts des 6 feptembre 1701 & 20 mai 1738.

Quincaillerie de toute forte.

Ris de la Caroline, Colonie angloife dans l'Amérique, décifion du Confeil du 19 octobre 1719.

Rubans de foie, de laine ou de fil.

Serrurerie de toute forte.

Vins & *Liqueurs* de toute forte.

Suivant l'arrêt du 6 feptembre 1701 & l'ordre du Confeil du 26 août 1714 toutes les Marchandifes mentionnées dans cet état font expreffément
défendues

défendues à l'entrée, à peine de confifcation & de
trois mille livres d'amende, lorfqu'elles font reconnues venir d'Angleterre ou des pays en dépendans ,
fous quelque nom ou commerce qu'elles foient
apportées, excepté le chanvre & les drogueries &
épiceries, qui ne font dans le cas de la défenfe
que lorfqu'on les amène fur des vaiffeaux anglois.
Voyez au furplus les obfervations que l'on a faites
à l'article de la Mercerie, dans l'ordre alphabétique
de cette inftruction.

Toutes les Marchandifes d'Angleterre & des pays en
dépendans, autres que celles nommément permifes
par l'arrêt de 1701, & par les arrêts & décifions du
Confeil dont on a fait mention à l'article de chaque
efpèce de Marchandife , font cenfées prohibées,
fuivant la décifion du Confeil du 21 feptembre
1742.

Au moyen de cette décifion, celle du 11 avril
1720, en vertu de laquelle les ardoifes venant
d'Angleterre étoient admifes à l'entrée, comme
n'étant point au rang des Marchandifes nommément défendues, ne doit plus avoir d'exécution.

L'alun, l'amidon, le crin, la cire jaune & blanche,
la colle de poiffon , les forces à tondre, la cérufe,
la chandelle, le chanvre, la colle de toute forte,
le groifil, le houblon & le fuif, qui ne font point
apportés fur des vaiffeaux anglois, ne devant pas
être réputés venir d'Angleterre, fuivant l'ordre du
Confeil du 26 août 1714 déjà cité, il s'enfuit que
l'on ne doit point refufer l'entrée aux unes, fous
prétexte qu'elles ne font pas au rang des Marchandifes permifes par l'arrêt de 1701 ; ni prétendre
fur les autres, les droits réglés par cet arrêt, fous
prétexte qu'elles font de l'efpèce de celles qui s'y
trouvent impofées.

M

Le beurre, les blés & autres grains font auffi compris dans l'ordre du Confeil du 26 août 1714 ; mais il n'y a plus lieu de le leur appliquer, parce que l'entrée en eft permife, lors même qu'ils viennent directement d'Angleterre. *Voyez* leur article dans l'ordre alphabétique de cette inftruction.

Lorfque l'exécution de l'arrêt du 6 feptembre 1701, donne lieu à quelques conteftations, elles doivent être portées devant Meffieurs les Intendans, la connoiffance leur en ayant été attribuée par autre arrêt du 30 avril 1722, fauf l'appel au Confeil.

MARCHANDISES DU LEVANT.

Ce font celles qui viennent des états du Grand-Seigneur, du Roi de Perfe & des côtes de Barbarie.

Elles doivent vingt pour cent de leur valeur, outre les droits d'entrée ordinaires.

Ce droit de vingt pour cent fut établi par édit du mois de mars 1669 ; il a donné lieu à différens règlemens, & notamment à un arrêt du 22 décembre 1750, auquel eft annexé l'état des Marchandifes du Levant que l'on va rapporter ici. On trouvera en marge de chaque article, d'un côté le droit de vingt pour cent, & de l'autre le droit d'entrée ordinaire du tarif de 1671, ou des arrêts & règlemens poftérieurs ; cet état fera fuivi de quelques obfervations utiles & même néceffaires.

ETAT des Marchandifes du commerce du Levant, pays & terres de la domination du Grand-Seigneur, du Roi de Perfe, & de Barbarie, pour lefquelles le droit de vingt pour cent de la valeur fera dû à tous les bureaux d'entrée du Royaume, autres que celui du Pont-de-Beauvoifin, outre & par deffus les droits d'entrée ordinaires, lorfqu'elles y arriveront fans être accompagnées de certificats en bonne forme des E'chevins & Députés du commerce de Marfeille, portant qu'elles y auront été chargées fans fraude ; arrêté au Confeil du Roi le 22 décembre 1750 : avec l'eftimation des mêmes Marchandifes, fur le pied de laquelle le droit de vingt pour cent fera levé.

Le droit de vingt pour cent fera levé fur les Marchandifes ci-après fpécifiées, venant du Levant, au poids de marc brut, y compris l'emballage.

DROIT DE VINGT POUR CENT.	A	DROIT ORDINAIRE.
Deux livres.	Alun de Smirne, eftimé dix livres le cent pefant, doit pour les vingt pour cent.	
	Et pour le droit d'entrée ordinaire du tarif de 1671.	*Néant.*
Trente livres.	Affafœtida, cent cinquante livres le cent pefant.	
	Et comme omife au tarif de 1671, à raifon de cinq pour cent de la valeur, le cent pefant.	*Sept liv. dix fols.*

	B	
Vingt-fept livres.	Bdelium, cent trente-cinq livres le cent pefant.	
	Et comme omis au tarif de 1671, à raifon de cinq pour cent de la valeur, le cent pefant.	*Six livres quinze fols.*
Une livre quatre fols.	Bois de buis de Conftantinople, fix livres le cent pefant.	
	Et fuivant le tarif de 1671.	*Néant.*

C

Soixante livres.   *Cardamomum*, trois cens livres le cent pesant.

Et comme omis au tarif de 1671, à raison de cinq pour cent de la valeur, le cent pesant. . . . .   *Quinze livres.*

Onze livres huit sols.   *Casse* du Levant, cinquante-sept livres le cent pesant.

Et suivant le tarif de 1671, le cent pesant. . . . .   *Cinq livres.*

Soixante - quatorze livres.   *Casse* du Levant confite, trois cens soixante-dix livres le cent pesant.

Et comme omise au tarif de 1671, le cent pesant. .   *Dix - huit livres dix sols.*

Une livre seize sols.   *Cendre* du Levant, neuf livres le cent pesant.

Et comme omise au tarif de 1671, le cent pesant. . .   *Neuf sols.*

Dix sols.   *Chagrin*, deux livres dix sols la pièce.

Et comme omis au tarif de 1671, la pièce. . . . .   *Deux sols six deniers.*

Trente-six livres.   *Cires* jaunes, cent quatre-vingts livres le cent pesant.

Et suivant le tarif de 1671, le cent pesant. . . . . .   *Quatre livres.*

Vingt livres.   *Coloquinte*, cent livres le cent pesant.

Et comme omise au tarif de 1671, le cent pesant. .   *Cinq livres.*

Douze livres.   *Coloquinte* en grabeau, soixante livres le cent pesant.

Et comme omise au tarif de 1671, le cent pesant. .   *Trois livres.*

Trente livres.   *Coque* du Levant, cent cinquante livres le cent pesant.

Et comme omise au tarif de 1671, le cent pesant. .   *Sept liv. dix sols.*

Deux cens soixante livres.   *Corail* du Bastion, treize cens livres la caisse de cent trente livres pesant.

Et suivant le tarif de 1671, à raison de deux sols six deniers la livre, pour la même caisse. . . . .   *Seize livres cinq sols.*

Quatorze livres seize sols.   *Corcome*, soixante-quatorze livres le cent pesant.

Et comme omis au tarif de 1671, le cent pesant. .   *Trois livres quatorze sols.*

Dix sols.   *Cordouans* ou *Maroquins*, deux livres dix sols la pièce.

Et fuivant le tarif de 1671 , le cent pefant. . . . . . . *Cinq livres.*

Seize livres. **Coton** du Levant en laine, quatre-vingts livres le cent pefant.

Et fuivant le tarif de 1671 & l'arrêt du 12 novembre 1749. . . . . *Néant.*

Vingt-quatre liv. **Coton** du Levant filé , cent vingt livres le cent pefant.

Et fuivant le tarif de 1671 , à l'article du fil de coton , le cent pefant. . . . . *Une liv. dix fols.*

Une livre quatre fols.

    Nota. Les Cotons filés , teints en rouge, eftimés fix livres la livre , par arrêt du 16 mars 1751 , doivent pour les vingt pour cent.

    Et comme omis au tarif de 1671 , la livre. . . . *Six fols.*

Quatre livres huit fols. **Cuirs** buffles , vingt-deux livres la pièce.

Et fuivant le tarif de 1667 , le cent pefant. . . . . *Quarante livres.*

Deux livres huit fols. **Cuirs** buffles , dits *E'carts*, douze livres la pièce.

Et fuivant le tarif de 1667 , le cent pefant. . . . . . *Quarante livres.*

Une livre huit fols. **Cuirs** bufflins , fept livres la pièce.

Et fuivant le tarif de 1667 , le cent pefant. . . . . . *Quarante livres.*

Une livre quatre fols. **Cuirs** en poil du Levant & de Barbarie , fix livres la pièce.

Et fuivant le tarif de 1671. . . . . *Néant.*

D

Trois livres douze fols. **Dattes** , dix-huit livres le cent pefant.

Et comme omifes au tarif de 1671 , le cent pefant. . *Dix-huit fols.*

E

Dix-fept livres quatre fols. **Encens** fin ou *Aliban* , quatre - vingt-fix livres le cent pefant.

Et fuivant le tarif de 1671 , le cent pefant. . . . . . . *Une liv. dix fols.*

Onze livres. Encens commun , cinquante-cinq livres le cent pefant.

Et fuivant le tarif de 1671 , le cent pefant. . . . . . *Une liv. dix fols.*

'Deux livres huit fols. Encens en pouffière , douze livres le cent pefant.

Et fuivant le tarif de 1671 , le cent pefant. . . . . . *Une liv. dix fols.*

Dix livres. E'ponges communes , cinquante livres le cent pefant.

Et fuivant le tarif de 1671 , le cent pefant. . . . . . *Quinze fols.*

Vingt - deux liv. E'ponges fines , cent dix livres le cent pefant.

Et fuivant le tarif de 1671 , le cent pefant. . . . . . *Quinze fols.*

Une livre quatre fols. Efcajolles , fix livres le cent pefant.

Et comme omifes au tarif de 1671 , le cent pefant. . *Six fols.*

F

Trente livres. Folium du Levant , cent cinquante livres le cent pefant.

Et comme omis au tarif de 1671 , le cent pefant. . . *Sept liv. dix fols,*

Dix livres. Follicules de Séné , cinquante livres le cent pefant.

Et comme omifes au tarif de 1671 , le cent pefant. *Deux livres dix fols.*

Trois livres douze fols. Fromages de la Morée, de Chypre & de Candie , dix-huit livres le cent pefant.

Et fuivant l'arrêt du 21 mai 1746, le cent pefant. . *Une liv. dix fols.*

G

Vingt-neuf livres douze fols. Galbanum , cent quarante-huit livres le cent pefant.

Et comme omis au tarif de 1671 , le cent pefant. . *Sept liv. huit fols.*

Douze livres douze fols. Galles , foixante-trois livres le cent pefant.

Et fuivant le tarif de 1671. . . . . *Néant.*

Dix livres. Glu , cinquante livres le cent pefant.

	Et fuivant le tarif de 1671 , le cent pefant.	*Dix fols.*
Vingt-quatre liv. douze fols.	*Gomme* adragan , cent vingt-trois livres le cent pefant.	
	Et fuivant le tarif de 1671.	*Néant.*
Sept liv. huit fols.	*Gomme* arabique , trente-fept livres le cent pefant.	
	Et fuivant le tarif de 1671.	*Néant.*
Trente livres.	*Gomme* ammoniaque , cent cinquante livres le cent pefant.	
	Et fuivant le tarif de 1671.	*Néant.*
Quarante - neuf liv. quatre fols.	*Gomme* férapine , deux cens quarante-fix livres le cent pefant.	
	Et fuivant le tarif de 1671.	*Néant.*
Douze livres huit fols.	*Gomme* turique , foixante-deux livres le cent pefant.	
	Et fuivant le tarif de 1671.	*Néant.*

H

Sept liv. huit fols.	*Hermodattes,* trente-fept livres le cent pefant.	
	Et comme omifes au tarif de 1671 , le cent pefant. .	*Une livre dix-*
Six livres.	*Huiles* du Levant & de Barbarie , trente livres le cent pefant.	*fept fols.*
	Et fuivant le tarif de 1671.	*Néant.*

L

Cinq livres.	*Labdanum ,* vingt-cinq livres le cent pefant.	
	Et comme omis au tarif de 1671 , le cent pefant. . .	*Une livre cinq*
Six livres.	*Laines* du Levant & de Barbarie , trente livres le cent pefant.	*fols.*
	Et fuivant le tarif de 1671 , & l'arrêt du 12 novembre 1749. . . . . . , ...	*Néant.*

Deux cens livres. *Lapis azuli*, mille livres le cent pesant.

Et comme omis au tarif de 1671, le cent pesant. . *Cinquante livres.*

Cinq livres. *Lin* du Levant, vingt-cinq livres le cent pesant.

Et suivant les arrêts des 23 mars 1734 & 12 novembre 1749. . . . . *Néant.*

M

Vingt-quatre liv. *Mastic*, cent vingt livres le cent pesant.

Et suivant le tarif de 1671, le cent pesant. . . . . . *Une liv. dix sols.*

Six livres. *Mirabolans* bélerins, trente livres le cent pesant.

Et comme omis au tarif de 1671, le cent pesant. . *Une liv. dix sols.*

Cinq livres huit *Mirabolans* citrins, vingt-sept livres le cent pesant.
sols. Et comme omis au tarif de 1671, le cent pesant. . . *Une liv. sept sols.*

Cinq livres. *Mirabolans* emblis, vingt-cinq livres le cent pesant.

Et comme omis au tarif de 1671, le cent pesant. . . *Une liv. cinq sols.*

Quatre livres. *Mirabolans* indi, vingt livres le cent pesant.

Et comme omis au tarif de 1671, le cent pesant. . . *Une livre.*

Onze livres *Mirabolans* kebuli, cinquante-six livres le cent pesant.
quatre sols. Et comme omis au tarif de 1671, le cent pesant. . . *Deux livres*
seize sols.
Six livres. *Momies*, trente livres le cent pesant.

Et comme omises au tarif de 1671, le cent pesant. . *Une liv. dix sols.*

Quarante-neuf *Myrrhe*, deux cens quarante-six livres le cent pesant.
liv. quatre sols. Et comme omise au tarif de 1671, le cent pesant. . *Douze livres*
six sols.

N

Douze livres *Nacres*, soixante-deux livres le cent pesant.
huit sols. Et suivant l'arrêt du 3 juillet 1692, comme Mercerie,
le cent pesant. . . . . *Dix livres.*

Natro

Une livre. — Natron ou *Soude*, cinq livres le cent pefant.

Et comme omis au tarif de 1671, le cent pefant. . . *Cinq fols.*

Huit livres douze fols. — Noix vomique, quarante-trois livres le cent pefant.

Et comme omife au tarif de 1671, le cent pefant. . *Deux livres trois fols.*

O

Cent livres. — Opium, cinq cens livres le cent pefant.

Et comme omis au tarif de 1671, le cent pefant. . . *Vingt-cinq livres.*

Soixante - quatorze livres. — Oppoponax, trois cens foixante-dix livres le cent pefant.

Et comme omis au tarif de 1671, le cent pefant. . . *Dix - huit livres dix fols.*

P

Douze livres huit fols. — Peaux de loup-cervier du Levant, foixante-deux livres le cent pefant.

Et fuivant l'arrêt du 13 janvier 1733, fi elles font apprêtées, la pièce. . . . . *Dix - huit fols.*

Et fi elles font fans apprêt, la pièce. . . . . *Huit fols.*

Soixante - quatorze livres. — Pignons indi, trois cens foixante - dix livres le cent pefant.

Et fuivant le tarif de 1671, le cent pefant. . . . . . *Quinze fols.*

Trois livres huit fols. — Pirette, dix fept livres le cent pefant.

Et comme omife au tarif de 1671, le cent pefant. . *Dix fept fols.*

Douze livres huit fols. — Piftaches, foixante-deux livres le cent pefant.

Et fuivant le tarif de 1671, le cent pefant. . . . . . *Une liv. dix fols.*

Quatre cens liv. — Plumes d'autruche blanches, deux mille livres la caiffe affortie.

Et fuivant le tarif de 1671, fi elles font apprêtées, la douzaine de pointes . . . . *Quinze fols.*

N

Et fi elles font fans apprêt, la livre. . . . . *Sept fols fix den.*

Quarante livres. Plumes d'autruche noires , deux cens livres la caiffe affortie.

Et fuivant le tarif de 1671 , fi elles font apprêtées, la douzaine de pointes. . . . . *Quinze fols.*

Et fi elles font fans apprêt, la livre. . . . . *Sept fols fix den.*

Soixante livres. Poil de chameau en laine , *Poil* de chevreau ou laine de chevron , trois cens livres le cent pefant.

Et fuivant le tarif de 1671 & l'arrêt du 12 novembre 1749. . . . . *Néant.*

Cent foixante livres. Poil de chèvre filé, huit cens livres le cent pefant.

Et fuivant le tarif de 1671 & l'arrêt du 12 novembre 1749. . . . . *Néant.*

R

Cinq livres. Raifins de Corinthe, Damas & Smirne , vingt - cinq livres le cent pefant.

Et fuivant le tarif de 1671 , à la lettre *C* , le cent pefant. . . . . *Une livre.*

Deux livres huit fols. Ris du Levant , douze livres le cent pefant.

Et fuivant le tarif de 1671 , le cent pefant . . . . . *Une liv. dix fols.*

Quatre cens quatre-vingts liv. Rhubarbe du Levant , deux mille quatre cens livres le cent pefant.

Et fuivant le tarif de 1671 , à raifon de deux fols fix deniers la livre , il eft dû par cent pefant. . . . . . *Douze livres dix fols.*

S

Seize livres. Safranum , quatre-vingts livres le cent pefant.

Et fuivant la décifion du 14 août 1749 , non le droit de quinze fols par livre porté par le tarif de

1671, à l'article du *Safran ;* mais feulement à raifon de cinq pour cent de la valeur, comme Marchandife omife, le cent pefant. . . . . *Quatre livres.*

Trois cens livres. Scammonée, quinze cens livres le cent pefant.

Et comme omife au tarif de 1671, le cent pefant. . *Soixante-quinze livres.*

Onze livres quatre fols. Sebefte, cinquante-fix livres le cent pefant.

Et comme omife au tarif de 1671, le cent pefant. . . *Deux livres feize fols.*

Vingt-quatre liv. douze fols. Sel ammoniac, cent vingt-trois livres le cent pefant.

Et comme omis au tarif de 1671, le cent pefant. . . *Six liv. trois fols.*

Deux livres. Semen cartami, dix livres le cent pefant.

Et comme omis au tarif de 1671, le cent pefant. . . *Dix fols.*

Vingt livres. Semence de Ben, cent livres le cent pefant.

Et comme omife au tarif de 1671, le cent pefant. . *Cinq livres.*

Vingt-huit livres. Semencine ou *Semen contra*, cent quarante livres le cent pefant.

Et comme omife au tarif de 1671, le cent pefant. . *Sept livres.*

Quarante-neuf liv. quatre fols. Sené, deux cens quarante-fix livres le cent pefant. Et fuivant le tarif de 1671, le cent pefant. . . . . *Dix livres.*

Dix-fept livres quatre fols. Sené en grabeau, quatre-vingt-fix livres le cent pefant.

Et comme omis au tarif de 1671, le cent pefant. . . *Quatre livres fix fols.*

Cent quarante-huit livres. Spica nardi, fept cens quarante livres le cent pefant.

Et comme omis au tarif de 1671, le cent pefant. . . *Trente-fept liv.*

Trente livres. Squine, cent cinquante livres le cent pefant.

Et comme omife au tarif de 1671, le cent pefant. . *Sept liv. dix fols.*

Une livre quatre fols. Stinx marin, fix livres le cent pefant.

Et comme omis au tarif de 1671, le cent pefant. . . *Six fols.*

Soixante livres.   *Storax calamite*, ou en maffe, trois cens livres le cent pefant.

Et comme omis au tarif de 1671, le cent pefant. . .   *Quinze livres.*

Vingt-quatre liv. douze fols.   *Storax* liquide, cent vingt-trois livres le cent pefant.

Et comme omis au tarif de 1671, le cent pefant. . .   *Six liv. trois fols.*

Quatorze livres feize fols.   *Sucre* d'Alexandrie, foixante - quatorze livres le cent pefant.

Et les droits ordinaires du tarif de 1671, ou des règlemens poftérieurs, fuivant fa qualité.

T

Quatorze livres feize fols.   *Tamarins*, foixante-quatorze livres le cent pefant.

Et comme omis au tarif de 1671, le cent pefant. . .   *Trois livres quatorze fols.*

Quarante livres.   *Tapis* velus de Turquie & de Perfe, deux cens livres la pièce.

Et fuivant le tarif de 1667, la pièce de la grandeur ordinaire. . . . .   *Sept livres.*

Et les plus grands à proportion, à raifon de dix pour cent de la valeur.

V

Quatorze livres feize fols.   *Vitriol* de Chypre, foixante - quatorze livres le cent pefant.

Et comme omis au tarif de 1671, le cent pefant. . .   *Trois livres quatorze fols.*

Z

Vingt livres.   *Zedoaria*, cent livres le cent pefant.

Et comme omis au tarif de 1671, le cent pefant. .   *Cinq livres.*

Les foies du Levant ne font point comprifes dans le préfent état, parce que l'entrée dans le Royaume

n'en eſt permiſe par mer que par le port de Marſeille, & par terre que par le Pont-de-Beauvoiſin.

Les toiles de coton du Levant, ni les étoffes d'or,
d'argent & de ſoie, les bourres de ſoie, ou de
coton & ſoie, ou de laine & coton, & toutes
autres étoffes du Levant, ne ſont point non plus
compriſes dans le préſent état; l'entrée dans le
Royaume en étant abſolument défendue par tous
les ports & paſſages.

Le droit de vingt pour cent eſt dû ſur les Marchandiſes du Levant, ſoit qu'elles viennent directement, ou après avoir été entrepoſées dans les pays
étrangers, ſuivant l'édit du mois de mars 1669 &
autres règlemens poſtérieurs.

Les Marchandiſes du Levant qui viennent de Marſeille, accompagnées d'un certificat des E'chevins
& Députés du commerce de cette ville, pour juſtifier qu'elles y ont été chargées ſans fraude, ne
ſont point ſujettes au droit de vingt pour cent,
ſuivant l'arrêt du 10 juillet 1703.

Quoique par arrêt du 12 novembre 1749, les laines
non filées, les cotons en laine, les chanvres & lins
en maſſe, les poils de chameau, chevreau & chèvre
filés & non filés, venant de l'étranger, aient été
affranchis de tous droits, tant des Cinq groſſes fermes, qu'autres dépendans de la ferme générale,
néanmoins ces Marchandiſes ſont ſujettes au droit
de vingt pour cent, conformément à l'arrêt du 22
décembre 1750.

Depuis cet arrêt du 22 décembre 1750, en vertu
de l'article I.er, les Marchandiſes du Levant peuvent
entrer dans le Pays conquis par tous les bureaux
indiſtinctement; mais cette faculté ne s'étend pas
aux drogueries & épiceries qui, comme toutes celles

qui viennent des pays étrangers, autres que l'Angleterre, ne peuvent être introduites que par le bureau de la baſſe ville de Dunkerque, ſuivant l'arrêt du 28 juin 1723, auquel celui de 1750 n'a point dérogé ; ainſi il eſt à propos que les Receveurs ſachent quelles ſont les drogueries & épiceries qui ſe trouvent compriſes dans l'état que l'on vient de rapporter, en voici l'énumération.

Aſſa fœtida.
Bdelium.
Cardamomum.
Caſſe ordinaire ou confite.
Cires jaunes.
Coloquintes
Coloquinte en grabeau.
Coque.
Corail.
Dattes.
Encens fin, commun ou en pouſſière.
Folium du Levant.
Follicules de Sené.
Galbanum.
Glu.
Gomme adragan, arabique, ammoniaque, férapine & turique.
Hermodattes.
Huiles de Ben, de Baume, de Cire & de Vitriol.
Labdanum.
Lapis azuli.
Maſtic.
Mirabolans bélerins, citrins, emblis, indi, kebuli.

Nota. *L'huile d'olive n'eſt pas du nombre des drogueries & épiceries.*

Momies.
Myrrhe.
Noix vomique.
Opium.
Oppoponax.
Pirette.
Rhubarbe.
Safranum.
Scammonée.
Sebeſte.
Semen cartami.
Semence de Ben.
Semencine ou *Semen contra.*
Sené.
Sené en grabeau.
Spica nardi.
Squine.
Stinx marin.
Storax calamite.
Storax liquide.
Sucre d'Alexandrie.
Tamarins.
Vitriol de Chypre.
Zedoaria.

Ces drogueries & épiceries, ainſi que les Marchandiſes énoncées dans l'état dont il s'agit, ſont toûjours réputées du Levant lorſqu'elles viennent de

l'étranger , & en conféquence elles doivent le droit
de vingt pour cent, à moins que leur véritable origine ne foit juftifiée par des certificats en bonne
forme , des Magiftrats des lieux d'envoi & des Con-
fuls de la nation Françoife , s'il y en a d'établis ;
encore eft-il à remarquer que fi le Fermier foup-
çonne qu'il ait été abufé de ces certificats , il peut
faire telles vérifications que bon lui femble; le tout
conformément à l'arrêt & aux lettres patentes du 11
janvier 1746.

Les Marchandifes du Levant qui paffent de Dunkerque à l'étranger, en empruntant les terres du Roi,
ne doivent point le droit de vingt pour cent, mais
feulement le droit de *tranfit* , à raifon de cinq pour
cent de la valeur, fuivant la décifion du 9 juillet
1731.

MARCHANDISES DE LA COMPAGNIE
des Indes.

Avant d'entrer en détail à ce fujet, il eft néceffaire
d'obferver que ce qui eft deftiné pour la conftruction, le radoub, l'équipement, l'armement & l'avitaillement des vaiffeaux de cette Compagnie , foit
qu'elle le tire de France ou de l'étranger , eft
exempt de tous droits d'entrée & de fortie, fuivant
l'édit du mois d'août 1664 ; l'arrêt du 30 feptembre
1665 ; les lettres patentes des mois de janvier 1685,
mars 1696 & août 1717 ; les édits des mois de mai
1719 & juin 1725 ; & l'arrêt du 28 feptembre 1726.

Les Marchandifes & denrées que la Compagnie des
Indes envoie de France dans les pays de fes concef-
fions , & celles qu'elle en fait venir , exigent des
diftinctions.

Par rapport aux premières, celles qu'elle deftine pour

ſes conceſſions au de-là du cap de Bonne - Eſpé-
rance, doivent les droits de ſortie, cette Compagnie n'ayant aucun titre d'exemption à cet égard;
celles qu'elle deſtine pour le Sénégal ne doivent
que la moitié des droits de ſortie, conformément à
l'arrêt du 30 mai 1664, aux lettres patentes des
mois de juin 1679, mars 1696, & autres; celles
qu'elle deſtine pour la côte de Guinée ſont exemptes
de la totalité de ces droits, par arrêts des 18 ſeptembre 1671 & 15 juillet 1673, par lettres patentes
des mois de janvier 1685 & août 1717, & par arrêt
du 27 ſeptembre 1720.

Quant aux Marchandiſes qu'elle apporte dans le
Royaume, on les diviſe en deux eſpèces.

Celles de la première eſpèce conſiſtent principalement
en indiennes ou toiles peintes, ſatins unis & brodés,
damas & taffetas des Indes, dont le commerce &
l'uſage ſont défendus dans le Royaume; elles ne peuvent être adjugées aux ventes de cette Compagnie
que ſous la condition expreſſe d'être renvoyées à
l'étranger, ſuivant l'aticle IX de l'édit du mois de mai
1719; ou à Dunkerque, l'arrêt du 26 avril 1738
ayant permis de les expédier pour le port de cette ville.

Celles de la ſeconde eſpèce, comme thé, café,
porcelaines, cabarets & cabinets de la Chine, drogueries & épiceries, toiles de coton blanches,
mouſſelines unies ou brodées, mouchoirs & autres
ſemblables, peuvent être conſommées dans le
Royaume; elles jouiſſent du bénéfice de l'entrepôt
pendant ſix mois, ſuivant l'article II de l'arrêt du
28 ſeptembre 1726, & l'article V de celui du 19
mai 1734. Ce délai commence à courir du jour de
la clôture de la vente publique.

Durant l'entrepôt les adjudicataires ou ceſſionnaires les
déclarent ou pour les pays étrangers, ou pour
l'étendue

l'étendue des Cinq groffes fermes , ou pour les provinces réputées étrangères.

Au premier cas, elles peuvent être envoyées librement par mer ou par terre en *tranfit*, fans payer aucuns droits, fuivant l'article XLIV de l'édit du mois d'août 1664, l'article II de l'arrêt de 1726 & l'article IX de celui de 1734; en obfervant néanmoins les formalités prefcrites par les lettres patentes du 14 août 1744, lorfqu'elles vont par terre.

Au fecond cas, elles doivent les droits d'entrée fur le pied qu'ils font réglés, mais dont le détail n'eft point l'objet de cette inftruction.

Au troifième cas , elles jouiffent de l'exemption des droits d'entrée & de fortie des provinces fujettes au tarif de 1664, lorfqu'elles les traverfent ; mais elles font affujéties à tous les droits locaux qui fe perçoivent non feulement dans le lieu de la deftination, mais encore dans les provinces du Royaume réputées étrangères , dont elles empruntent le paffage, ainfi qu'il a été décidé par arrêts des 14 avril 1693 , 4 février 1716 & 24 août 1728. Il faut néanmoins excepter celles deftinées pour le Dauphiné , paffant par la ville de Lyon , qui font exemptes des droits de la doüane de cette ville ; & celles deftinées pour le Languedoc & la Provence, paffant par les routes de Lyon ou Dauphiné, qui jouiffent de l'exemption des droits de la même douane & de celle de Valence , conformément à l'arrêt du 28 feptembre 1734, au moyen de l'abonnement réglé par cet arrêt, & en rempliffant les formalités qu'il prefcrit.

Si à l'expiration des fix mois d'entrepôt, l'on n'a fait aucune déclaration, ces Marchandifes rentrent dans l'ordre des autres Marchandifes étrangères & deviennent fujettes aux mêmes droits.

O

Les Marchandises blanches, c'est-à-dire les toiles de coton, mousselines, mouchoirs & autres semblables, provenant des ventes de la Compagnie des Indes, sortant de Dunkerque & destinées pour Lille ou autres villes du Pays conquis, ne doivent que cinq pour cent de la valeur, comme Marchandises omises au tarif de 1671, & non le droit de quarante livres du cent pesant, imposé par arrêt du 21 juillet 1733, qui n'a lieu qu'à l'entrée des Cinq grosses fermes, suivant les termes mêmes de cet arrêt & les décisions des 5 janvier 1741 & 27 janvier 1752.

Il en est de même des droits imposés par l'arrêt du 28 septembre 1726, sur les porcelaines, l'indigo, la canelle sauvage & le sucre candi; ils ne concernent que l'entrée dans les Cinq grosses fermes, en sorte que ces quatre espèces de Marchandises étant destinées pour la consommation du Pays conquis, ce sont les droits du tarif de 1671 que l'on doit percevoir, ainsi que le Conseil l'a décidé par arrêt du 24 août 1728, rendu en interprétation de celui de 1726.

A l'égard du Café & du Thé, *voyez* leur article dans l'ordre alphabétique de cette instruction.

MARCHANDISES destinées pour les Isles, ou qui en viennent.

Les armemens pour les Isles & Colonies françoises de l'Amérique, ne peuvent se faire que dans les ports de Calais, Dieppe, le Havre, Rouen, Honfleur, Saint-Malo, Morlaix, Brest, Nantes, la Rochelle, Bordeaux, Bayonne & Cette, suivant les lettres patentes du mois d'avril 1717; Marseille, suivant celles du mois de février 1719;

Dunkerque, fuivant celles du mois d'octobre 1721;
& Vannes, fuivant l'arrêt du 21 décembre 1728.

Les lettres patentes de 1717 fervent de bafe & de
loi au commerce des Ifles ; la franchife du port de
Dunkerque a exigé quelques difpofitions particulières que l'on peut voir dans les lettres patentes de
1721 , & dans la convention arrêtée entre le Dé-
puté de la Chambre de Commerce de Dunkerque
& la Compagnie, les 6 & 13 novembre 1735 ,
approuvée du Confeil le 21 du même mois. On fe
contentera de rappeler ici les différens articles des
lettres patentes de 1717 & de 1721 , qui font fuf-
ceptibles de quelques obfervations.

Nota. Par arrêts des 20 avril 1744 & 19 juin 1745 , l'exécution de l'ar- ticle II des lettres patentes de 1717 avoit été fufpendue pendant la guerre, mais ces arrêts ont été révoqués par un autre du 26 mars 1749.

Par l'article II de ces lettres patentes , les vaiffeaux
armés pour les Ifles font obligés de faire leur retour
dans le port d'où ils font partis , à peine de dix mille
livres d'amende ; mais cette règle générale reçoit
trois exceptions.

La première fe trouve dans l'article même que l'on
vient de citer ; il difpenfe du retour dans le port
du départ, en cas de relâche forcé , de naufrage ,
ou de tout autre accident imprévû, à condition de
le juftifier par des procès verbaux.

La feconde eft établie par l'arrêt du 3 feptembre
1726 , qui permet aux négocians François de porter
en droiture à Marfeille les Marchandifes qu'ils
auront chargées aux Ifles, en payant au bureau du
domaine d'Occident à Marfeille , les mêmes droits
qu'ils auroient acquittés dans les ports de l'armement, s'ils y euffent fait leur retour.

La troifième , particulière à la Bretagne, fe tire du
même arrêt du 3 feptembre 1726 : il autorife les
négocians des ports de cette province , où il eft

permis d'armer pour les Ifles, à faire leur retour dans tel de ces ports qu'ils jugent à propos.

On a agité la queſtion de ſavoir ſi un vaiſſeau qui étoit originairement parti de Léogane pour le port de Nantes, & retourné de ce port à Léogane, avoit pû reporter à Bordeaux le produit de la cargaiſon qu'il avoit faite à Nantes, ſans être aſſujéti aux droits de la Prevôté : le fermier ſoûtint qu'il ſuffiſoit que le vaiſſeau fût parti d'un port de France, à la deſtination des Ifles françoiſes de l'Amérique, pour qu'il fût obligé de faire ſon retour dans le même port, ou de payer dans celui où il faiſoit ſon déchargement, les mêmes droits qu'il auroit payés dans celui d'où il étoit parti. C'eſt ce qui fût jugé par arrêt rendu contradiſtoirement au Conſeil, le 25 août 1750.

MARCHANDISES DE FRANCE.

Nota. En ce qui concerne le droit des grandes entrées de Rouen, voyez l'arrêt du 11 janvier 1719; & en ce qui regarde les vins d'Anjou & autres de la rivière de Loire, voyez l'arrêt & les lettres patentes des 10 & 22 mai 1723.

Suivant l'article III des lettres patentes de 1717 & l'article V de celles de 1721, les Marchandiſes & denrées du crû ou des fabriques de France, deſtinées pour les Ifles, ſont affranchies de tous droits de ſortie & d'entrée, tant des provinces des Cinq groſſes fermes que de celles réputées étrangères; même de tous droits locaux, en paſſant d'une province dans une autre, & généralement de tous autres droits qui ſe perçoivent au profit de Sa Majeſté, à l'exception de ceux unis & dépendans de la Ferme générale des Aides & Domaines : au moyen de quoi on les expédie ſeulement par acquit à caution dans les bureaux de l'enlèvement; mais ſi après avoir été miſes en entrepôt dans le port où l'embarquement devoit s'en faire, elles ſortent de cet entrepôt, non pour ſuivre leur deſtination, mais pour la conſommation du Royaume, ou pour l'étranger, elles ſont ſans difficulté dans le cas de payer, outre les droits dûs au bureau de l'entrepôt,

ceux qu'elles auroient dû acquitter dans les bureaux
de l'enlevèment & de la route.

Le droit particulier de la ferme des huiles & favons
n'eſt pas compris dans l'exemption générale accordée par les articles III & V que l'on vient de citer;
les huiles & favons font fujets à ce droit, nonobſtant
leur deſtination pour les Iſles, fuivant la décifion
du Conſeil du 13 mars 1752.

En vertu de l'article IV des lettres patentes de
1717 & de l'article V de celles de 1721, les
munitions de guerre, vivres & autres choſes néceffaires, priſes dans le Royaume pour l'armement &
l'avitaillement des vaiſſeaux qui vont aux Iſles,
jouiſſent de l'exemption de tous droits de fortie &
d'entrée ; mais on ne doit point étendre cette
exemption à ce qui eſt néceſſaire pour la conſtruction d'un vaiſſeau, fous prétexte qu'il eſt deſtiné
à faire le commerce des Iſles, fuivant les décifions
des 14 avril 1723, 10 décembre 1737, 27 janvier
& 6 février 1738.

Les chanvres & les toiles du Royaume, qui à leur
arrivée dans un port ont été mis en entrepôt à la
deſtination des Iſles, & qui en ont été tirés fur la
foûmiſſion des négocians, pour être convertis en
cables, cordages & voiles pour les vaiſſeaux allant
à l'Amérique, ne doivent pas, fur le fondement
qu'ils ont été dénaturés, être privés de l'exemption
de droits accordée par les lettres patentes de 1717,
fuivant la décifion du Conſeil du 23 juillet 1731.

En conformité de l'article VI des lettres patentes de
1717, les négocians font tenus de déclarer au
bureau du lieu de l'enlèvement, s'il y en a, finon
au plus prochain bureau, les quantités, qualités,
poids & meſures des Marchandiſes & denrées

deſtinées pour les Iſles, & de les faire viſiter & plomber par les Commis des Fermes, d'y prendre un acquit à caution, & de faire leur ſoûmiſſion de rapporter dans trois mois un certificat du déchargement de ces Marchandiſes & denrées dans le magaſin d'entrepôt, ou de l'embarquement dans le port pour lequel elles ont été déclarées. Quelques négocians de la ville de Lille avoient voulu ſe fouſtraire aux diſpoſitions de cet article, & pour donner plus de poids aux moyens dont ils s'étoient ſervis, ils avoient invoqué le ſecours de la Chambre de Commerce établie en la même ville: mais cette tentative fut ſans ſuccès, le Conſeil la rejetta par déciſion du 22 février 1749. *Voyez Marchandiſes ſujettes à déclaration.*

Les Marchandiſes de France qui ont été envoyées aux Iſles, & qui n'ayant pû y être vendues reviennent dans le Royame, ne doivent y rentrer en exemption de droits que ſur des ordres de M. le Contrôleur général, ſuivant l'extrait des regiſtres du bureau du Commerce du 17 mai 1736; & lorſque ces ordres ont été donnés, il faut que les négocians juſtifient de l'envoi qui a été fait de ces Marchandiſes aux Iſles; enſuite on doit vérifier ſi elles ſont du crû ou des fabriques du Royaume.

MARCHANDISES ÉTRANGÈRES. Les Marchandiſes & denrées qui viennent de l'étranger, même celles qui ſont tirées des villes de Marſeille & de Dunkerque, avec déclaration pour les Iſles, ne jouiſſent pas d'une faveur auſſi étendue que celle accordée aux Marchandiſes & denrées du crû ou des fabriques de France; l'article X des lettres patentes de 1717, dont l'exécution a été ordonnée par arrêt du 4 ſeptembre 1742, les aſſujétit aux droits dûs à l'entrée du Royaume, mais il

les exempte de tous droits de fortie lorfqu'elles
fuivent leur deftination.

Il faut cependant excepter, 1.° le bœuf falé, conformément à l'article XI des mêmes lettres patentes;
2.° Les lards, beurres, fuifs, chandelles & faumons
falés, fuivant l'arrêt du 24 août 1748, ces fix
efpèces de Marchandifes ayant la liberté d'entrer
fans payer aucuns droits, à la charge d'être mifes
dans l'entrepôt à leur arrivée.

L'article X des lettres patentes de 1717, en admet-
tant les Marchandifes étrangères pour la deftination
des Ifles, annonce qu'il n'a eu en vûe que celles
dont l'entrée & la confommation font permifes dans
le Royaume; mais l'article XII des mêmes lettres
patentes, & l'article III de celles de 1721, fe font
plus particulièrement expliqués; ils défendent expreffément d'en embarquer d'aucune autre efpèce. Les
étoffes & toiles peintes des Indes, de Perfe, de la
Chine ou du Levant fe trouvoient implicitement
comprifes dans ces défenfes, puifque l'entrée &
l'ufage en font prohibés en France ; mais pour ne
laiffer ni doute ni prétexte, le Confeil, par arrêt
du 9 mai 1733, a défendu à tous armateurs &
négocians faifant le commerce des Ifles, d'y envoyer ces fortes de Marchandifes, fous quelque
dénomination que ce foit; même à tous Capitaines,
Maitres, Pilotes, Officiers, Mariniers, Matelots,
Paffagers & autres qui compofent l'équipage des
vaiffeaux deftinés pour les Ifles, d'y en porter
aucunes, en pacotilles ou autrement, le tout fous
les peines portées par ces règlemens.

Par la déclaration du Roi du 30 feptembre 1737, il eft
permis aux armateurs & négocians de charger à fret
pour Cadix, des Marchandifes du Royaume fur des
vaiffeaux qui partent totalement à vuide pour aller

prendre aux Ifles des Marchandifes de retour; mais il leur eft expreffément défendu de rien charger à Cadix fur leurs vaiffeaux.

MARCHANDISES DES ISLES.

Toutes les marchandifes & denrées du crû des Ifles, deftinées pour la confommation du Royaume, font fujettes aux droits d'entrée. L'article XIX des lettres patentes de 1717 a réglé ces droits en ce qui concerne les Marchandifes qui y font fpécifiées, & dont voici l'énumération: les mofcouades ou fucres bruts, les fucres terrés ou caffonades, l'indigo, le gingembre, le coton en laine, le rocou, les confitures, la caffe ou canefice, le cacao, les cuirs fecs & en poil, le caret ou écaille de tortue. A l'égard des autres efpèces de Marchandifes non dénommées dans cet article, elles doivent les droits ordinaires des tarifs, conformément à l'article XXIII; excepté le fucre rafiné en pain, qui, fuivant le même article XXIII, eft fujet au droit porté par les arrêts des 25 avril 1690 & 20 juin 1698; excepté auffi le café qui doit le droit fixé par l'arrêt du 29 mai 1736.

Nota. Voyez ces différentes efpèces de Marchandifes, chacune à fon article dans l'ordre alphabétique de cette inftruction, fur-tout par rapport au coton en laine qui eft préfentement exempt, non feulement du droit d'entrée, mais encore du droit de trois pour cent du domaine d'Occident; & à l'indigo, qui eft affranchi du droit d'entrée lorfqu'il eft deftiné pour les manufactures du Pays conquis.

Ces droits d'entrée font dûs indépendamment du droit du domaine d'Occident qui fe perçoit à l'arrivée des Marchandifes des Ifles, même lorfqu'elles proviennent de la traite des Nègres, & qui confifte 1.° en trois pour cent de la valeur*, fuivant l'article XXV des lettres patentes de 1717; 2.° en un demi pour cent d'augmentation établi d'abord pour trois années par la déclaration du Roi du 10 novembre 1727, & fucceffivement prorogé de trois en

Nota. 1.° Voyez le chapitre fuivant pour les Marchandifes qui proviennent de la traite des Nègres.
Nota. 2.° Les Marchandifes qui viennent du Canada & de la Louifiane ne font pas fujettes au droit du domaine d'Occident. Voyez les chapitres qui leur font particuliers.

---

* Cette valeur eft fixée par un état d'évaluation qui s'arrête tous les fix mois, de concert avec Meffieurs les Députés du Commerce.

Si quelques efpèces de Marchandifes fe trouvoient omifes dans cet état, il faudroit, fuivant la décifion du 29 juillet 1751, percevoir le droit fur le pied de leur valeur actuelle, à la déduction d'un cinquième qu'il eft d'ufage d'accorder aux Marchandifes des Ifles.

trois

trois ans par différens arrêts, notamment par celui du 13 novembre 1751, en conformité duquel la perception de ce droit de demi pour cent doit avoir lieu jufqu'au premier janvier 1755.

Il n'en eft pas des Marchandifes des Ifles comme des Marchandifes étrangères impofées à des droits uniformes à toutes les entrées du Royaume; celles-ci font cenfées originaires du Pays conquis lorf-qu'elles y ont féjourné plus de trois mois, en forte que nonobftant le payement des droits uniformes, elles deviennent fujettes à ceux que peut opérer la deftination qu'on leur donne; les autres au contraire, c'eft-à-dire celles des Ifles auxquelles on n'a pas donné une deftination fixe en fortant de l'entrepôt, & qui ont acquitté les droits de confommation réglés par l'article XIX des lettres patentes de 1717, & par l'arrêt du 29 mai 1736, ne perdent point l'avantage de leur origine. On leur oppofe-roit inutilement l'expiration du délai de trois mois, parce qu'il n'y a point de temps limité pour elles; il fuffit que l'acquit de payement des droits dont il s'agit, foit repréfenté, pour qu'elles aient la liberté de paffer à Lyon, ou dans telle province du Royaume que ce foit, fans être affujéties à de nou-veaux droits, ainfi qu'il réfulte de l'arrêt du 3 feptembre 1726, de la décifion du Confeil du 2 novembre 1734, & de l'article VII de l'arrêt du 29 mai 1736.

Lorfque les Marchandifes des Ifles qui fortent de l'entrepôt dans le temps fixé, font deftinées pour le pays étranger, ou, ce qui eft la même chofe, pour la haute ville de Dunkerque*, elles ne doivent d'autre droit que celui de trois & demi pour cent du domaine d'Occident, conformément à l'article

* Voyez cepen-dant l'article du Café dans l'ordre alphabétique de cette inftruction.

XV des lettres patentes de 1717, & à l'article XII de celles de 1721.

Mais il est à remarquer que cette exemption pour la destination étrangère, n'a lieu qu'autant que les Marchandises y sont envoyées par mer *, à moins qu'elles ne soient du nombre de celles qui en vertu des lettres patentes de 1717, article XVII, & de l'arrêt du 29 mai 1736, article IV, jouissent de la faculté du *transit* par terre ; savoir, les sucres terrés ou cassonades, l'indigo, le gingembre, le rocou, le cacao & le café ; auquel cas les formalités prescrites par ces lettres patentes & par celles du 14 août 1744, doivent être exactement remplies.

Si les Marchandises des Isles dont les droits d'entrée auroient été perçus, passoient à l'étranger au lieu d'être consommées dans le Royaume, non seulement on ne seroit pas fondé à réclamer le remboursement de ces droits, mais même on seroit tenu de payer ceux de sortie, excepté pour les sucres de toutes sortes, l'indigo, le gingembre, la casse, le rocou, le cacao, les drogueries & épiceries : telle est la disposition de l'article XXVIII des lettres patentes de 1717.

Les taffias ou guildives qui viennent des Isles, peuvent être admis à l'entrepôt, lorsqu'ils sont destinés pour la côte de Guinée ; mais non pour aucune autre destination, soit des provinces du Royaume, soit de l'étranger, suivant la decision du Conseil que l'on a rapportée à l'article de l'*Eau de vie*, dans l'ordre alphabétique de cette instruction.

---

* Il faut même justifier qu'elles ont été déchargées dans le lieu de leur destination ; & à cet effet, rapporter dans six mois au plus tard un certificat signé du Consul François, s'il y en a, ou à son défaut, par les juges des lieux ou autres personnes publiques, à peine de payer le quadruple des droits, suivant l'article XVI des lettres patentes de 1717.

Ce qui vient des Isles françoises, est réputé de leur crû, parce que le commerce de ces Isles avec l'étranger étant prohibé par les lettres patentes en forme d'édit, du mois d'octobre 1727, on ne doit pas suppoler que les Marchandises qui en arrivent, y aient été portées par des étrangers.

Toutes les Marchandises du crû des Isles, à l'exception des sucres bruts, peuvent être conduites en droiture dans les ports d'Espagne; mais les négocians François auxquels seuls il est permis de faire ce commerce, sont tenus de rapporter à leur retour dans le port de France d'où ils seront partis, l'état des Marchandises qu'ils auront chargées aux Isles, certifié par les principaux Employés qui y sont établis, & en outre l'état du déchargement fait en Espagne, certifié par le Consul de France ; sur la vérification desquels états certifiés, le droit du domaine d'Occident doit être acquitté : le tout conformément à l'arrêt du 27 janvier 1726.

Les Maîtres des navires qui vont aux Isles françoises de l'Amérique, & de-là à l'Isle royale, pour y charger des huiles & des morues, ne doivent jouir de l'exemption accordée à cet égard, qu'autant qu'ils ont rempli les formalités prescrites par l'arrêt du 26 septembre 1741. *Voyez Huiles* dans l'ordre alphabétique de cette instruction.

Les Marchandises qui viennent sur des vaisseaux armés aux Isles, doivent être admises à l'entrepôt, & jouir des avantages qui en résultent, ainsi que le Conseil l'a décidé le 30 novembre 1722.

Entrepost. Il ne reste plus que deux observations à faire; l'une, que le bénéfice de l'entrepôt accordé aux Marchandises destinées pour les Isles, & à celles qui en viennent, a été fixé par arrêt & lettres patentes des

Nota. L'arrêt & les lettres patentes du 4 mai 1745, qui avoient accordé

3 & 21 mai 1723, au terme d'une année, à compter du jour qu'elles ont été mises en entrepôt : de sorte qu'après l'expiration de ce délai, elles font sujettes, favoir ; celles qui avoient été déclarées pour les Isles, aux mêmes droits qu'elles auroient dû payer si on ne leur avoit pas donné cette destination ; & celles venues des Isles, aux droits réglés par les lettres patentes de 1717.

Quelques négocians de Bordeaux avoient fait des représentations, 1.° pour être déchargés du payement des droits fur des canons, boulets & autres ouvrages de fer & de fonte qu'ils avoient fait venir dans cette ville, à la destination des Isles, & dont l'année d'entrepôt étoit expirée : 2.° Pour que le temps de l'entrepôt fût à l'avenir illimité en faveur de ces fortes de Marchandises ; mais comme ces deux chefs de demande étoient directement contraires aux règlemens, ils furent rejettés par décision du Conseil du 24 juillet 1751.

L'autre observation consiste en ce que les Commis peuvent faire toutefois & quantes, le recensement des Marchandises qui doivent être dans les entrepôts, y ayant été autorisés par arrêt & lettres patentes du 6 mai 1738.

MARCHANDISES destinées pour la côte de Guinée, ou provenant de la traite des Nègres.

Les négocians & armateurs des ports, autorisés à faire le commerce des Colonies françoises de l'Amérique, peuvent, suivant un arrêt du 30 septembre 1741, armer & équiper leurs vaisseaux pour la côte de Guinée, après en avoir obtenu la permission de la Compagnie des Indes, & en se conformant aux règlemens concernant le commerce de cette côte.

Tous les vivres, Marchandiſes & effets que les négocians tirent de l'intérieur du Royaume à la deſtination de Guinée, ſont exempts de tous droits,
conformément aux lettres patentes du mois de
janvier 1716, à l'arrêt du 3 décembre 1748, &
aux règlemens énoncés dans cet arrêt.

Les Marchandiſes qui proviennent des ventes de la
Compagnie des Indes, & qui ſont propres pour le
commerce de Guinée, jouiſſent auſſi de l'exemption.

Il n'en eſt pas de même des Marchandiſes que les
négocians tirent de l'étranger ; l'exemption n'eſt
pas générale, elle ſe borne 1.° aux eſpèces dénommées dans l'article VII des lettres patentes de
1716, autres néanmoins que celles défendues par
l'article I.ᵉʳ des lettres patentes du 7 ſeptembre
1728.

2.° A celles déſignées dans l'article II des mêmes
lettres patentes de 1728.

3.° Aux couteaux flamands, chaudières, batteries de
cuivre, toiles platilles & plats d'étain, mentionnés
dans la déciſion du Conſeil du 20 mars 1721.

4.° Aux toiles peintes appelées *Ajami*, qu'il eſt permis
de tirer de Marſeille par le canal de Languedoc,
en prenant toutes les précautions néceſſaires pour
aſſurer qu'elles ne ſeront pas verſées dans la route,
ſuivant la déciſion du Conſeil du 8 mars 1749.

5.° Aux canettes, caves & canevettes de grès, conformément à la déciſion du Conſeil du 13 novembre 1750. *

6.° Enfin aux eſpèces de Marchandiſes que le Royaume
ne ſeroit point en état de fournir, & qu'on ne

* Quoique cette déciſion n'ait dû avoir lieu que pendant deux ans,
néanmoins on ne laiſſe pas de la citer, parce qu'on ne doute point que ſa
diſpoſition ne ſoit inceſſamment renouvelée.

pourroit par cette raifon fe difpenfer de faire venir de l'étranger, fuivant la reftriction ; oñce par l'article XXVII des lettres patentes du mois d'août 1717, & par l'article III de l'arrêt du 30 feptembre 1732.

Ainfi toutes les efpèces de Marchandifes étrangères, autres que celles ci-deffus, font fujettes aux droits d'entrée ; c'eft ce que le Confeil a jugé par arrêt du 27 octobre 1750, en affujétiffant à ces droits cinquante caiffes d'armes qu'un négociant de Nantes avoit fait venir de la haute ville de Dunkerque, avec deftination pour la côte de Guinée.

Pour jouir de l'exemption accordée au commerce de Guinée, il faut que les Marchandifes foient mifes & reftent en entrepôt jufqu'au moment de leur embarquement, de la même manière que l'on en ufe pour celles deftinées pour les Ifles françoifes de l'Amérique.

Le temps de cet entrepôt a été fixé à quatre années par arrêt du 2 octobre 1742 ; mais fuivant cet arrêt & l'explication donnée le 28 juin 1751, le terme de quatre années ne doit avoir lieu que pour les Marchandifes provenant des ventes de la Compagnie des Indes, & pour les Marchandifes étrangères mentionnées dans l'article II des lettres patentes de 1728, & dans les décifions du Confeil des 20 mars 1721, 8 mars 1749 & 13 novembre 1750. Les autres efpèces de Marchandifes, foit étrangères, foit originaires, deftinées pour la côte de Guinée, font dans le cas de celles deftinées pour les Ifles françoifes, & ne doivent jouir que d'une année d'entrepôt.

Les Marchandifes qui proviennent de la traite des Nègres aux Ifles françoifes de l'Amérique, font exemptes de la moitié des droits d'entrée dans le

Royaume, conformément aux lettres patentes de 1716, article V *, & à l'arrêt du 20 novembre 1725 ; pourvû que les formalités prescrites par les ordonnances du Roi des 6 juillet 1734 & 31 mars 1742, aient été remplies.

L'exemption de la moitié des droits ne s'étend pas au droit de trois & demi pour cent du domaine d'Occident qui est dû en entier, suivant l'arrêt du 26 mars 1722.

MARCHANDISES *destinées pour le Canada, ou qui en viennent.*

Les lettres patentes du mois d'avril 1717, concernant le commerce des Colonies françoises de l'Amérique, ayant été déclarées communes pour le commerce du Canada, par arrêt d 11 décembre de la même année, on se refere aux observations contenues dans le chapitre des Marchandises destinées pour les Isles, ou qui en viennent.

Mais cet arrêt renferme une disposition que l'on ne doit pas laisser ignorer : il exempte du droit de trois pour cent du domaine d'Occident, les Marchandises qui proviennent du Canada ; & par une suite naturelle, ces Marchandises sont également exemptes du demi pour cent d'augmentation, ainsi qu'il résulte de la décision du 6 juillet 1733.

Suivant un autre arrêt du 21 mai 1721, rendu en interprétation de celui du 11 décembre 1717, les pelleteries & autres marchandises & denrées provenant du crû ou des fabriques du Canada, de quelque nature qu'elles puissent être, à l'exception du castor, jouissent du bénéfice du *transit* dans le Royaume, pour le pays étranger, en remplissant les formalités prescrites par les lettres patentes de 1717 & par celles du 14 août 1744.

MARCHANDISES *destinées pour la Louisiane; ou qui en viennent.*

Le commerce de cette Colonie n'est plus dans la main de la Compagnie des Indes , ayant été rendu libre à tous les sujets du Roi , par arrêt du 23 janvier 1731.

On pourroit se contenter d'indiquer les arrêts des 30 septembre 1732 , 31 octobre 1741 & 30 novembre 1751 ; mais comme ce dernier sert présentement de règle au commerce de la Louisiane , il ne sera pas inutile d'en rapporter ici les dispositions.

Après avoir prorogé pour dix années, à compter du 1.er novembre 1751 , en faveur des Marchandises qui viennent de la Louisiane dans les ports où il est permis d'armer pour le commerce des Colonies françoises de l'Amérique , l'exemption de tous les droits qui se perçoivent à l'entrée du Royaume , même des droits de trois & demi pour cent , appelés *droits du domaine d'Occident*, il ordonne que conformément à l'article I.er de l'arrêt du 30 septembre 1732 , les denrées & Marchandises destinées pour la Louisiane , & dont on aura besoin pour la construction , l'armement & l'avitaillement des vaisseaux que l'on y enverra , seront exemptes de tous droits dûs à Sa Majesté ou aux villes , tant à l'entrée qu'à la sortie , aux clauses & conditions portées par le même arrêt du 30 septembre 1732 ; sans néanmoins qu'il puisse être tiré des pays étrangers pour le commerce de cette Colonie , en exemption des droits d'entrée , que des bœufs , lards & beurres salés , des suifs & des épiceries ; & qu'à l'égard de toutes les autres espèces de denrées ou Marchandises permises que les négocians du Royaume voudroient tirer de l'étranger pour la destination de la Louisiane , elles seront sujettes aux droits des tarifs qui ont lieu dans les ports du Royaume par lesquels elles entreront.

MARCHANDISES

MARCHANDISES *deſtinées pour Bilbao & Saint-Sébaſtien.*

Suivant l'arrêt & les lettres patentes du 22 décembre 1739, on ne peut expédier pour les ports de Bilbao & de Saint-Sébaſtien, aucunes Marchandiſes, ſoit prohibées, ſoit permiſes, dans le cas des acquits à caution, que ſur les ſoûmiſſions qui ſeront faites par les négocians, de rapporter certificat du déchargement de ces Marchandiſes dans les deux ports dont il s'agit, ſigné des prépoſés à cet effet, ſous les peines portées par les règlemens ; tout autre certificat ne peut être admis, pour quelque cauſe & ſous quelque prétexte que ce ſoit.

Les prépoſés pour ces certificats de décharges ſont, ſavoir, le ſieur Darragorry à Saint-Sébaſtien, & le ſieur Dantés à Bilbao : il faut avoir attention de les déſigner dans les acquits à caution.

MARCHANDISES *ſujettes aux droits de* Tranſit.

Il y a quatre ſortes de droits de *tranſit* ſur les Marchandiſes & denrées qui empruntent la Flandre ou le Haynault pour paſſer d'un lieu à l'autre du pays étranger.

I.ᵉʳ DROIT DE TRANSIT. Le premier a pour objet les Marchandiſes & denrées qui paſſent ſur les rivières & canaux autres que la Meuſe, dont la rive emprunte les terres de France ; telles ſont les rivières de Lys, de la Deulle, de l'Eſcaut & de la Scarpe : il eſt de cinq ſols du cent peſant, pour tenir lieu des droits d'entrée & de ſortie ordinaires ; encore certaines Marchandiſes & denrées jouiſſent-elles d'une modération : en voici le détail.

Q

Les bois de toutes fortes, charbons de bois, cendres, pierres à bâtir ou à paver, grès, briques, moëllons, parpins, tuiles & ardoifes, les engrais & autres chofes groffières & de vil prix, ne doivent pour droit de *tranfit* que deux & demi pour cent de leur valeur.

Les fels, deux fols fix deniers du cent pefant.

Les grains, les droits d'entrée ordinaires du tarif de 1671.

Les tourbes, le droit de fortie ordinaire du même tarif.

Les charbons * de terre paffant de Mons à Tournay par Condé, deux fols fix deniers par barril de trois cens livres, poids de marc.

Le tout conformément aux ordres du Confeil des 14 décembre 1710, 22 août 1711 & 23 juillet 1713; à l'arrêt du 8 novembre 1723, & à l'article CCLV du bail de Forceville.

Il eft à obferver que par l'ordre du 22 août 1711, les fers étrangers de toute forte ont été exceptés de la faveur de ce *tranfit*, & qu'ainfi l'on en doit percevoir les droits d'entrée & de fortie.

Les tabacs font dans le même cas, *voyez* leur article dans l'ordre alphabétique de cette inftruction, & les obfervations fur le quatrième droit de *tranfit*.

Suivant la décifion du Confeil du 11 août 1751, les grains, graines de colzat, écorces, draps & couvertures, que les fujets Autrichiens envoyent par la rivière de Lys aux moulins de Comines pour y être moulus, converties en huiles, broyées & foulés, font exempts du droit de *tranfit*.

Les formalités prefcrites par les ordonnances de Meffieurs les Intendans de Flandre, des 9 mai 1714 & 20 décembre 1722, doivent être exaĉtement remplies pour les mêmes efpèces de Marchandifes que les fujets François envoyent à ces moulins.

IIme DROIT DE TRANSIT. Le fecond droit de *tranfit* concerne les Marchandifes & denrées qui paffent fur la Meufe par Givet ; elles doivent feulement le droit d'entrée du tarif de 1671 fi elles y font impofées, ou le droit de fortie fi elles font tirées à *néant* à l'entrée ; & en cas qu'elles foient tirées à *néant* à l'entrée & à la fortie, cinq pour cent de la valeur, conformément à l'arrêt du 9 août 1723, qui excepte les ardoifes, & les affujétit aux droits d'entrée & de fortie. *Voyez* au furplus l'article des *Ardoifes* dans l'ordre alphabétique de cette inftruction.

M. l'Evêque & Prince de Liège ayant accordé l'exemption des droits qui fe payent fur la Meufe, pour les grains qui viennent de Hollande à la deftination de Givet, Philippeville & Mariembourg, on a par réciprocité confenti, le 6 décembre 1740, à l'exemption des droits fur les grains que M. le Prince de Liège envoye par la Meufe aux villes & villages de l'Entrefambre & Meufe Liégeoife, & qui paffent au bureau de Hermeton.

IIIme DROIT DE TRANSIT. Le troifième droit de *tranfit* regarde les Marchandifes & denrées qui vont par terre d'un lieu à l'autre de la domination étrangère, & qui pourroient y être conduites fans emprunter les terres de France ; elles font traitées comme celles qui paffent fur la Meufe, c'eft-à-dire qu'elles doivent le droit d'entrée du tarif de 1671 fi elles y font impofées, ou le droit de fortie fi elles font tirées à *néant* à l'entrée ; & en cas qu'elles foient tirées à *néant* à l'entrée & à la fortie, cinq pour cent de la valeur.

Mais lorfque les Marchandifes & denrées ne font qu'emprunter quelques enclaves inévitables pour aller d'un lieu à l'autre du pays étranger dans une communication voifine , on ne doit percevoir aucuns droits, pourvû & non autrement qu'il en foit ufé de même à l'égard des fujets François par l'étranger en pareil cas.

Les grains en gerbes , foins, fourrages , aveftures , légumes, bois, fumier & marne propres à engraiffer les terres , & généralement tous les fruits de la campagne , provenant des récoltes des terres limitrophes étrangères , & paffant par des enclaves de France , peuvent être tranfportés librement fans déclaration & fans payer aucuns droits , pourvû que le tranfport s'en faffe par charrettes & chariots, ou par perfonnes , ainfi qu'il en eft ufé à l'égard des fujets François, en conféquence du decret du Confeil de Bruxelles, du 8 juillet 1715.

Les grains battus ne peuvent paffer fur les enclaves qu'en les déclarant au plus prochain bureau & en repréfentant les certificats requis.

On ne doit laiffer paffer aucunes Marchandifes de contrebande, le commerce n'en étant pas libre fur les terres enclavées & limitrophes de la frontière.

Ces difpofitions font conformes à l'ordre du Confeil du 13 août 1715, à l'arrêt du 4 février 1720, aux ordonnances rendues les 20 décembre 1722 & 30 octobre 1750, par Meffieurs de Méliand & de Séchelles , fucceffivement Intendans de Flandre; à un ordre de celui-ci du 17 janvier 1751 , & à l'article CCLVII du bail de Forceville.

Les droits portés par les arrêts & règlemens poftérieurs au tarif de 1671 ne doivent point être confidérés en ce qui concerne les Marchandifes & denrées qui paffent en *tranfit*, c'eft ce droit réglé par ce tarif, ou cinq pour cent de la valeur, qu'il faut percevoir fuivant les cas ci-deffus expliqués, ainfi qu'on l'a décidé les 6 octobre 1746 & 19 mai 1749, parce que les droits d'entrée ou de fortie impofés par les arrêts poftéricurs au tarif, n'ont pour objet que les Marchandifes qui viennent de l'étranger pour la confommation du Pays conquis & celles du Pays conquis qui paffent à l'étranger.

IVme DROIT DE TRANSIT. Le quatrième droit de *tranfit* a lieu pour les Marchandifes & denrées qui communiquent de Dunkerque à la Flandre étrangère, aux autres Pays-bas autrichiens, même au pays de Liège, ou de ces différens pays à Dunkerque, par terre ou par les canaux : ce droit eft de cinq pour cent de la valeur, pour tenir lieu des droits d'entrée & de fortie ; à l'exception néanmoins des fucres fortant de Dunkerque, pour lefquels les droits font dûs à l'ordinaire : le tout conformément aux arrêts des 28 mars 1711 & 13 octobre 1722, & aux décifions des 29 avril & 22 août 1748.

Nota. Les barrils qui contiennent les harengs, doivent être marqués en conformité du règlement de police fait par les Magiftrats de Dunkerque le 28 feptembre 1748. Les marques preferites par ce règlement font conftatées par les différens certificats imprimés qui fe délivrent, tant par les E'chevins & le Marqueur juré, que par les Officiers de la Chambre de Commerce, Les harengs blancs & faures de la pêche de Dunkerque font affranchis de ce droit par décifion du Confeil du 28 octobre 1713 ; mais fuivant cette décifion, ils doivent être accompagnés d'un certificat des Magiftrats de Dunkerque, pour juftifier qu'ils proviennent de la pêche de cette ville.

La morue provenant de la même pêche jouit auffi de cette exemption, conformément à la décifion citée dans l'article précédent : au furplus, *voyez Morue* dans l'ordre alphabétique de cette inftruction.

Il en eft de même du poiffon frais, fuivant la décifion du Confeil du 3 décembre 1713.

Les grains qui paffent des Pays-bas à Dunkerque font

fujets à ce droit, conformément à la décifion du 23 novembre 1730.

Ces grains devant être convertis en farine pour être envoyés aux Ifles françoifes de l'Amérique, n'y font pas moins fujets, fuivant la même décifion.

Les tabacs * qui s'expédient au bureau de Dunkerque, pour l'étranger, ne doivent point jouir de la faveur du *tranfit*, il faut en percevoir les droits d'entrée & de fortie conformément à la décifion du Confeil du 23 août 1749.

Cette décifion, dans laquelle les côtes de tabac font naturellement comprifes, eft commune aux côtes de tabac qui paffent de l'étranger à l'étranger fur la rivière de Lys ; ainfi elles doivent également les droits d'entrée & de fortie, fuivant la décifion du 4 feptembre 1749.

Il refte une obfervation générale à faire, c'eft que les Marchandifes & denrées doivent être déclarées en *tranfit* au premier bureau d'entrée des terres du Roi, pour y être expédiées par acquit de payement & à caution, afin d'en affurer la fortie, autrement elles ne peuvent plus être reconnues en *tranfit*, & elles doivent les droits d'entrée & de fortie du tarif ou des arrêts & règlemens poftérieurs, fi elles y font fujettes.

MARCHANDISES qui acquittent les droits à l'eftimation.

Lorfque les Commis reconnoiffent que ces Marchandifes ont été déclarées au deffous de leur véritable valeur, ils font autorifés à les retenir, tant à l'entrée qu'à la fortie, en payant le montant de l'eftimation portée par la déclaration, avec le fixième en fus ; mais s'ils ne veulent pas ufer de cette faculté, ils

L'article XXIX des lettres patentes de 1717, contient une pareille difpofition pour la déclaration des fucres & fyrops venant des Ifles Françoifes de l'Amérique.

font tenus de percevoir les droits fur le pied de l'eftimation qui a été faite ; fans que, fous quelque prétexte que ce foit, ils puiffent retarder l'expédition des Marchandifes : ce font les difpofitions des arrêts & lettres patentes des 2 août 1740 & 27 feptembre 1747.

La faculté accordée par ces règlemens, a eu pour objet d'obvier aux fauffes déclarations des Marchandifes qui payent à la valeur ; les Commis en doivent faire ufage avec circonfpection & en connoiffance de caufe, pour ne point expofer le Fermier à des inconvéniens dont il les rendroit refponfables.

MARCHANDISES *fujettes à déchet & à coulage.*

L'arrêt du 9 août 1723, & les lettres patentes du 30 feptembre de la même année, contiennent une difpofition en faveur des fucres bruts, fyrops, huiles & beurres, qui font Marchandifes fujettes à déchet & à coulage. L'article VI porte que les droits n'en feront payés que fur le pied du poids effectif, fans que les marchands foient affujétis à en déclarer le poids, mais feulement à rapporter les déclarations du poids au lieu du chargement, & à repréfenter les mêmes quantités de pipes, barriques, frequins & autres futailles, en bon état.

MARCHANDISES *qui ont été mouillées en route.*

Suivant l'article VIII de l'arrêt & des lettres patentes cités dans le chapitre précédent, lorfque les Marchandifes ont été mouillées pendant le voyage, & que le poids en eft augmenté au de-là de cinq pour cent, il doit être fait réfaction, c'eft-à-dire, remife ou déduction du poids qui excède celui qu'elles auroient dû naturellement pefer, fi elles n'avoient pas été mouillées. Pour vérifier le poids jufte, & faire cette réfaction, le marchand eft tenu de repréfenter fa facture.

Si l'augmentation du poids ne va qu'à cinq pour cent ou au deffous, le même article difpenfe le Fermier d'en faire réfaction.

On fent aifément que la réfaction ordonnée par cet article, ne peut avoir lieu que pour les Marchandifes fpongieufes & capables de contracter de l'humidité, telles que font les laines, les cotons, les chanvres & les lins.

MARCHANDISES gâtées.

Lorfque celui à qui elles appartiennent offre de les abandonner, on ne peut le forcer à les prendre & à en acquitter les droits, fuivant la décifion du 6 avril 1747.

MARCHANDISES fauvées du naufrage.

Voyez ce titre de l'ordonnance & l'inftruction de 1726, tout y eft effentiel. Le titre V de l'ordonnance du mois de février 1687, & l'inftruction du 28 mars 1726 qui y eft relative, ne parlant point des droits que doivent acquitter les Marchandifes fauvées du naufrage, on y a fuppléé par l'explication donnée le 23 octobre 1726. Cette explication porte de faire payer les droits fixés par le tarif qui a cours au lieu du naufrage, en obfervant cependant que dans le cas où les Marchandifes fe trouveroient endommagées par les eaux de la mer, de façon qu'elles euffent perdu un quart ou un tiers de leur valeur, il ne faudroit percevoir que les trois quarts ou les deux tiers des droits du tarif, fuivant qu'elles auroient plus ou moins fouffert lors

du

du naufrage ou de l'échouement : mais ces remifes ou modérations ne doivent être accordées qu'autant que l'on rapporte un procès verbal des Officiers de l'Amirauté, qui juftifie que les Marchandifes ont été viciées par l'eau de la mer, & qui établiffe à quoi le dommage eft eftimé. Ce procès verbal rapporté, le vifiteur du bureau doit mettre au bas fon certificat, contenant que par l'examen & la vifite qui ont été faits, il a trouvé que le dommage eft tel qu'il a été conftaté par le procès verbal.

L'explication dont on vient de parler, n'a pour objet que les Marchandifes tarifées ; car par rapport à celles qui ne l'étant pas, acquittent à la valeur, on doit faire payer les droits fuivant l'eftimation des Marchandifes dans l'état où elles fe trouvent, mais toûjours avec la formalité du procès verbal certifié.

Quant au payement des droits ci-deffus prefcrits, il n'a d'application qu'aux Marchandifes déclarées pour la confommation du Royaume, parce que fuivant l'article premier du titre V de l'ordonnance de 1687, les Marchandifes fauvées du naufrage & réclamées par les conducteurs ou propriétaires dans l'an & jour de la publication qui doit être faite, font exemptes des droits d'entrée & de fortie, en les tranfportant à l'étranger dans les trois mois, du jour de la réclamation jugée.

L'an & jour accordés pour la réclamation des Marchandifes fauvées du naufrage, étant expirés fans qu'elles aient été réclamées, ceux qui les partagent, en conformité de l'ordonnance de la Marine, livre IV, titre IX, article XXVI, font tenus d'en payer les droits ; & s'ils fe trouvent obligés de les envoyer à l'étranger, en cas que l'ufage en foit prohibé dans le Royaume, elles ne font point fujettes aux droits,

R

pourvû qu'elles foient tranfportées un mois après que le partage en a été fait; telle eft la difpofition de l'article CCCXCVIII du bail de Forceville.

Suivant d'autres explications données le premier février 1751, fi les Marchandifes fauvées du naufrage, provenoient des Colonies françoifes de l'Amérique, le droit du domaine d'Occident fe percevroit relativement à leur valeur actuelle, & la réfaction * à faire, proportionnément à l'avarie, de moitié, du tiers ou du quart des droits de confommation réglés par l'article XIX des lettres patentes du mois d'avril 1717, fe conftateroit par la comparaifon de cette valeur avec le prix porté dans l'état d'évaluation qui s'arrête tous les fix mois.

Enfin fi les Marchandifes naufragées provenoient de la traite des Nègres, elles ne payeroient que la moitié des droits de confommation ainfi modérés; à l'exception des cafés, qui, fuivant l'arrêt du 29 mai 1736, ne participeroient point à cette réduction de moitié.

Il eft à obferver que le droit du domaine d'Occident feroit dû en entier, relativement à la valeur conftatée, conformément à l'arrêt du 26 mars 1722.

MARCHANDISES *fujettes aux quatre fols pour livre.*

La perception des quatre fols pour livre fur tous les droits d'entrée & de fortie, ainfi que fur les autres droits des fermes générales, fut ordonnée pour un temps par les déclarations du Roi des 3 mars 1705 & 7 mai 1715 : elle a été depuis fupprimée, enfuite rétablie, & fucceffivement prorogée par différens règlemens, notamment par la déclaration du Roi du 21 octobre 1749 , jufqu'à la fin du bail de Bocquillon , fubrogé à Girardin.

Elle a lieu fur les droits de toutes les Marchandifes & denrées qui viennent des pays étrangers , foit pour le compte des François, foit pour celui des étrangers de quelque nation que ce foit , fans aucune exception , fuivant la décifion du Confeil du 23 décembre 1748 , & les arrêts des 29 avril & 28 octobre 1749.

Elle a pareillement lieu fur le droit du charbon de terre qui vient du Haynault autrichien pour la confommation du Pays conquis , ou qui paffe en *tranfit* par Condé fur les rivières de Haine & de l'Efcaut, ainfi qu'il réfulte de la décifion du Confeil du 18 août 1749.

Le droit de vingt pour cent fur les Marchandifes du Levant eft fujet aux quatre fols pour livre, conformément à la décifion du Confeil du 14 février 1750.

 Le droit du domaine d'Occident en eft exempt, aux termes de la déclaration du Roi du 3 mars 1705.

Nota. En conformité de l'arrêt du 28 novembre 1730, on ne perçoit pas les quatre fols pour livre des droits que le hareng , provenant de la péche de Dunkerque , paye lorfqu'il entre en France.

Ils ne fe perçoivent pas non plus fur le droit de fret, l'arrêt du 17 mars 1705 l'en ayant affranchi.

Suivant l'article I.er de l'arrêt du 29 mai 1736 , on ne doit pas les percevoir fur le droit de dix livres du cent pefant , réglé par cet arrêt pour l'entrée des cafés.

Enfin les quatre fols pour livre du droit de trente fols , établi par la déclaration du Roi du 4 mai 1749 , fur chaque livre de tabac venant des pays étrangers, ne doivent point être perçûs , ainfi que le Confeil l'a décidé le 23 août de la même année.

MARCHANDISES *fujettes à déclaration & à vifite.*

Toutes les Marchandifes ou denrées qui paffent à l'étranger ou qui en viennent, même celles qui ont été affranchies des droits, font fujettes à déclaration & à vifite, fuivant l'arrêt du 20 mars 1717; & depuis, le Confeil a décidé que les paffeports du Roi n'exemptent que du payement des droits, & non de la vifite; cette décifion eft du 23 janvier 1751.

Celles qui viennent de Dunkerque, ou que l'on y envoye, font affujéties à ces formalités par arrêt du 29 juin 1700.

Les fels chargés à Dunkerque y font pareillement fujets, fuivant les arrêts des 16 août & 10 octobre 1716. *Voyez* le chapitre fuivant.

Nota. L'exécution de l'arrêt du 20 mai 1738, concernant les déclarations que les Capitaines, Maîtres de navires & Patrons de barques, doivent faire à leur arrivée à Dunkerque, & avant leur départ de cette ville, a été fufpendue par autre arrêt du 15 feptembre 1739.

Les déclarations doivent être faites & reçûes dans les formes prefcrites par l'ordonnance du mois de février 1687; par l'arrêt & les lettres patentes des 9 août & 30 feptembre 1723; par autres arrêts & lettres patentes des 4 avril 1724, 24 juin & 4 octobre 1732; par l'arrêt du 31 octobre 1741, & par celui du 2 feptembre 1742.

Quelques négocians de Lille ayant fait des repréfentations fur ce que les Commis des Fermes au bureau de la même ville, les affujétiffoient, 1.° à fournir deux déclarations à chaque envoi de Marchandifes deftinées pour l'ancienne France.

2.° A fe tranfporter au bureau pour figner fur le regiftre les foûmiffions qu'ils font tenus de faire pour fûreté du rapport des acquits à caution déchargés au lieu de la deftination des Marchandifes.

3.° A faire conduire au bureau les Marchandifes deftinées pour les Ifles françoifes de l'Amérique, à l'effet
d'y être vifitées & plombées avant leur expédition.

Le Confeil décida le 22 février 1749, qu'on ne
pouvoit, fans intervertir la régie des droits du Roi,
admettre aucun des trois chefs de conclufions prifes
par ces négocians, auxquels les Officiers de la
Chambre de Commerce établie à Lille, s'étoient
inutilement joints.

Les fauffes déclarations qui fe font dans les qualités,
quantités, poids & mefures des Marchandifes, font
les fources les plus ordinaires de la fraude ; les
Receveurs ne peuvent par conféquent être trop
attentifs fur cet objet.

Ils ne doivent jamais procéder à la vifite des Marchandifes, ni percevoir les droits, qu'après avoir reçû
les déclarations : en agir autrement, ce feroit ren-
verfer l'ordre établi par l'article VIII du titre II de
l'ordonnance de 1687, & donner matière à des
conteftations qu'il eft intéreffant de prévenir.

La perception des droits doit fe faire fur le pied du
poids déclaré, quoique le poids effectif fe trouvât
plus foible, ainfi qu'il réfulte des décifions du
Confeil des 4 novembre 1746 & 17 octobre 1750.

En cas d'abord ou d'échouement de vaiffeaux, batèaux
& autres bâtimens de mer, les Marchandifes du
chargement doivent être déclarées dans les vingt-
quatre heures au plus prochain bureau, comme pour
relâche forcé, à peine de confifcation, tant des
bâtimens, agrez & apparaux, que des Marchandifes
du chargement, & de trois cens livres d'amende,
fuivant l'arrêt & les lettres patentes du 4 avril 1724.

A l'égard des Marchandifes & denrées qui fe tranfpor-
tent d'un lieu à l'autre du Pays conquis, il y a des

cas où elles ne font point fujettes à déclaration, il y en a d'autres où elles y font affujéties ; on en trouvera l'explication dans l'arrêt du premier mars 1712 ; *voyez* cet arrêt & les obfervations faites dans le chapitre des Marchandifes fujettes à acquit à caution ou à paffavant.

La preuve teftimoniale tendante à détruire les déclarations, foûmiffions ou autres engagemens des redevables des droits du Roi, n'eft pas admiffible, fuivant l'arrêt du 14 décembre 1723.

Les petits bâtimens & bateaux qui fe trouvent en mer fur les côtes, à une ou deux lieues au large, doivent être arrêtés pour en faire la vifite : & en cas de refus ou de réfiftance de la part des maîtres de ces bâtimens ou bateaux, l'arrêt & les lettres patentes du 10 octobre 1752, ainfi que les règlemens antérieurs qui y font énoncés, permettent aux Employés de les contraindre par force à venir à bord. Les mêmes règlemens veulent qu'en cas de fraude ou de faux connoiffemens, ces petits bâtimens & bateaux, comme auffi ceux qui fe trouveront à la côte, ou qui prétexteront des relâches pour entrer dans les ports, & fur lefquels il y aura des Marchandifes de contrebande, en tout ou en partie, foient confifqués, enfemble leurs chargemens ; que les Maîtres & Patrons, Matelots & autres qui fe trouveront fur les équipages, foient condamnés chacun & folidairement aux amendes portées par les règlemens ; & que faute de payement de ces amendes, elles foient converties aux peines infligées par les mêmes règlemens.

En ce qui concerne la vifite des couriers, il faut fe conformer à ce qui eft prefcrit par l'inftruction du 20 avril 1740.

MARCHANDISES *sujettes à acquit à caution ou à passavant.*

Les acquits à caution assurent la perception des droits dans le cas où il en est dû ; ils préviennent les abus que l'on pourroit faire des exemptions accordées aux Marchandises destinées pour certains genres de commerce, ou qui proviennent de certaines manufactures ; ils empêchent, ou du moins ils contribuent à empêcher que les Marchandises dont la sortie est défendue, ne passent à l'étranger ; ils forment par conséquent une partie essentielle de la Régie. Le titre VI de l'ordonnance de 1687 explique dans quelles occasions & en quels lieux on est obligé d'en prendre, les formalités qu'il faut remplir avant de les délivrer, leur forme, leur usage, ce qu'ils doivent contenir, & la nécessité de leur représentation à tous les bureaux de passage : mais ce titre de l'ordonnance n'ayant pas suffisamment pourvû à tous les cas, relativement au Pays conquis, il intervint le premier mars 1712 un arrêt servant de règlement, dont les dispositions concernent aussi les passavans, & dont quelques unes ont donné lieu à des explications qu'il ne sera pas inutile de rappeler ici.

La disposition portée en général par l'article IX de ce règlement pour les Marchandises auxquelles il n'est pas autrement pourvû, regarde toutes celles de la valeur de quinze livres & au dessus, qui sont sujettes aux droits d'entrée ou de sortie, & a pour principal objet la conservation de ces droits : on a voulu qu'elles ne pussent passer d'une châtellenie à l'autre, sans être accompagnées d'une expédition qui renseignât par rapport à l'entrée, qu'elles sont réellement enlevées des terres du Roi ; ou par rapport à la fortie, qu'elles font réellement deftinées pour les terres de Sa Majefté, & qu'elles fuivent la route du lieu déclaré.

De ce principe il réfulte, par exemple, que le char-bon de terre qui eft une Marchandife impofée par les règlemens à des droits d'entrée & de fortie, eft fujet au droit de paffavant, quand il paffe d'une châtellenie à l'autre, & lorfque fa valeur excède quinze livres, non fuivant le prix qu'on l'achette dans les mines ou foffes, mais fuivant le prix que les marchands le vendent. La difficulté confifte à favoir fi l'on doit faire payer ce droit de paffavant à raifon de cinq fols, relativement au droit d'entrée du charbon, qui eft de cinq fols par barril ; ou bien à raifon de deux fols fix deniers, relativement au droit de fortie qui eft de deux fols par wague. Pour la réfoudre, il faut, par une fuite du principe ci-deffus établi, faire la diftinction fuivante : le charbon que l'on enlève eft deftiné ou pour un lieu plus intérieur & plus éloigné de la frontière, ou pour un lieu plus proche de la frontière : dans le premier cas, com-me de Bailleul à Lille, c'eft le droit de cinq fols, parce qu'il importe pour la confervation du droit d'entrée, de renfeigner que le charbon vient actuel-lement de Bailleul & non de l'étranger, en fraude du droit d'entrée ; dans le fecond cas, comme de Lille à Bailleul, ce n'eft que le droit de deux fols fix deniers, parce qu'il importe pour la conferva-tion du droit de fortie, d'indiquer une route & une deftination qui étant de l'étendue de la Ferme, n'eft point fujette au droit de fortie.

Les Marchandifes tirées à *néant* à l'entrée, & défendues à la fortie, font fujettes à déclaration & au droit de cinq fols, parce que la défenfe eft encore plus im-portante que le droit de fortie quel qu'il foit ; il eft même

même néceffaire de les expédier par acquit à caution, fuivant les cas mentionnés dans l'article V du règlement de 1712.

Celles qui font impofées à l'entrée, & tirées à *néant* à la fortie, font pareillement fujettes au droit de paffavant, parce que le paffavant eft auffi bien pour l'entrée que pour la fortie, fuivant l'article IX de ce règlement.

L'article VI du même règlement ne regarde que les Marchandifes & denrées qui auroient à paffer dans l'étendue ou à portée d'un bureau pour aller dans l'intérieur, & qui feroient du crû ou de la fabrique des bourgs, villages & lieux de la frontière, voifins de cette étendue, comme amidon, beurre, toile, &c. defquelles denrées & Marchandifes on a cherché à faciliter la communication de proche en proche, en ne les affujétiffant qu'à repréfenter un certificat des gens de loi du lieu du crû ou de la fabrique, lequel doit être fimplement vifé *gratis* au bureau de la route.

Pour plus d'éclairciffement, fuppofons que la chaux du crû d'un village du bailliage de Bailleul ou de la châtellenie de Lille, fût deftinée pour l'intérieur, il fuffiroit en ce cas de rapporter un certificat des gens de loi pour juftifier qu'elle ne feroit point du crû étranger, & de le faire vifer *gratis* au bureau de la route : mais fi c'étoit de la chaux qui vînt de Bailleul, elle auroit dû être expédiée au bureau de cette ville pour aller jufqu'à fa deftination ; ou fi après être venue de Bailleul pour la deftination de Baifieux, par exemple, ou des environs, elle étoit dans la fuite enlevée pour une autre deftination, l'on ne pourroit plus dire qu'elle feroit du crû du lieu de l'enlèvement ou des environs, en forte qu'elle rentreroit dans le droit commun d'être expédiée ou par acquit à caution ou par paſſavant, ſuivant les cas, aux termes des articles I V & I X du règlement de 1712.

Il faut faire le même raiſonnement ſur le charbon de terre du Haynault françois ; cette Marchandiſe vient ſur les expéditions des premiers bureaux juſqu'à ſa deſtination déclarée, & s'il s'en amaſſoit ſur la frontière du bailliage de Bailleul, elle ne pourroit de-là être enlevée que ſur des expéditions conformes aux mêmes articles I V & I X du règlement de 1712, parce qu'il feroit notoire qu'elle ne feroit nullement du crû des lieux d'où elle feroit ainſi enlevée pour d'autres deſtinations.

Telles font les explications données les 5 octobre & 22 décembre 1747, ſur les diſpoſitions du règlement de 1712 : au ſurplus, *voyez* l'arrêt du 28 juin 1723, rendu en interprétation de ce règlement, pour le tranſport des laines, fils de ſayette, cotons & autres matières ſervant aux manufactures établies dans l'étendue des ville & châtellenie de Lille & dans une lieue de la frontière de Flandre.

Les Receveurs de la Flandre & du Haynault ne doivent délivrer aucuns acquits à caution pour les Marchandiſes originaires de ces deux provinces, ou devenues patrimoniales, lorſqu'elles font deſtinées pour l'étendue des Cinq groſſes fermes, mais de ſimples paſſavans, ſuivant l'ordre du 25 janvier 1734, relatif à l'article VII du règlement de 1712.

Ceux qui font des chargemens de ſel à Dunkerque font tenus de prendre des acquits à caution au bureau de la baſſe ville, pour en aſſurer la deſtination, conformément aux arrêts des 16 août & 10 octobre 1716.

Les certificats de la deſcente des Marchandiſes dans le lieu de leur deſtination, doivent être rapportés dans le délai fixé par les acquits à caution, à moins qu'il ne fût furvenu quelque cas fortuit, ou que les Commis n'euffent refufé de les donner ; mais alors il faudroit repréfenter des actes juftificatifs émanés des juges des lieux, ou en leur abfence, du premier Praticien ou Notaire dans le temps limité par l'acquit ; la preuve teftimoniale de ces faits ne feroit pas admiffible, non plus que celle de la perte des acquits, fuivant l'arrêt du 10 feptembre 1689.

L'attention des Receveurs ne doit pas fe borner à voir fi les certificats de defcente font rapportés dans les délais prefcrits ; il faut encore qu'ils examinent s'il ne paroît point qu'il y ait eu des mots ou dates falfifiés dans l'écriture, fi les perfonnes par qui ces certificats ont été donnés, font celles qui ont dû les délivrer, & fi les fignatures ne font point fauffes ou contrefaites : après quoi ils obligeront les marchands ou autres qui leur auront préfenté ces décharges, de certifier la vérité des fignatures des certificats dont il s'agit, afin de pouvoir faire la vérification de celles qui feroient fufpectes, conformément à l'arrêt & aux lettres patentes des 13 mars & 14 avril 1722.

Il eft du devoir des Receveurs de n'accorder aucuns certificats de defcente, qu'au préalable les Marchandifes ou denrées n'aient été conduites au bureau, & qu'ils ne fe foient rendus certains par une vérification exacte, que les quantités & qualités des Marchandifes ou denrées, font les mêmes que celles mentionnées dans les acquits à caution qui leur font repréfentés.

L'arrêt du 10 janvier 1708 défend à tous juges de rendre aucunes fentences pour fervir d'acquits à caution, à peine de nullité, & de répondre en leur propre & privé nom des dommages & intérêts du Fermier.

Par un autre arrêt du 28 octobre 1749, fur lequel il a été expédié des lettres patentes le même jour, il eſt pareillement défendu à tous Curés, Vicaires ou telles autres perfonnes que ce foit, de s'immifcer à donner aucuns certificats ou atteſtations, pour tenir lieu des acquits, congés ou paſſavans des Commis des Fermes.

Ainfi il y auroit lieu d'arrêter les Marchandifes qui feroient accompagnées de pareilles expéditions ; on pourroit cependant offrir par le procès verbal de les rendre fous caution, eſtimation préalablement faite.

Dans les cas où fuivant l'arrêt du premier mars 1712, les droits de paſſavant ne font pas dûs, il eſt expreſſé-ment défendu aux Receveurs de les exiger, & même de les recevoir, quoiqu'ils leur fuſſent volontaire-ment offerts.

MARCHANDISES fujettes à congé.

Celles que l'on décharge des vaiſſeaux ou bateaux fans un congé par écrit du Fermier, ou fans la préfence de fes Commis, doivent être confifquées, & les contrevenans condamnés en trois cens livres d'amende, fuivant l'ordonnance de 1687, titre II, article IX ; l'arrêt & les lettres patentes du 5 juillet 1746.

MARCHANDISES défendues à l'entrée & à la fortie du Royaume.

On les a réunies dans deux états, l'un contient celles dont l'entrée n'eſt pas permife, l'autre renferme celles dont la fortie eſt défendue ; mais avant de rapporter ces deux états, il eſt néceſſaire d'obferver que fi quelques-unes des Marchandifes qui y

font énoncées, entroient dans le Royaume ou paſ-
foient à l'étranger en vertu d'une permiſſion, elles
feroient fujettes aux droits d'entrée ou de fortie, en
conformité de l'ordonnance de 1687, titre VIII,
article IV, à moins qu'elles ne fuſſent accompagnées d'un paſſeport du Roi, auquel cas il faudroit
fuivre ce qui eſt prefcrit fur le mot *Munitions.*

*E´ T A T des Marchandiſes étrangères, de quelque
pays que ce foit, dont l'entrée dans le Royaume eſt
défendue.*

Outre cet état, qui eſt commun aux Mar-chandiſes d'Angleterre, voyez celui qui leur eſt particulier, page 87 & fuiv.   *Baſins* à fleurs & rayés de coton teint, par déciſion du
Confeil du 20 février 1739.

Boutons d'étoffe de crin faite au métier, & tous autres
de quelque étoffe que ce puiſſe être, pareillement
faite au métier, à peine de confiſcation & de cinq
cens livres d'amende, fuivant la déclaration du Roi
du 15 mai 1736.

> *Nota.* Les rubans propres à compofer ces Boutons
> font auſſi défendus, par déciſion du Confeil du 10
> octobre 1740.

Boutons de métal, ou cuivre poli ou doré, à peine de
confiſcation & de trois mille livres d'amende, par
arrêt du 22 juillet 1749.

> *Nota.* Les Boutons de manche ne font pas com-
> pris dans cette défenfe, fuivant la déciſion du 10
> octobre 1749.

Cafés, autres que ceux provenant des ventes de la
Compagnie des Indes ou des Iſles françoiſes de
l'Amérique, à peine de confiſcation, tant des Cafés
que des équipages, & de mille livres d'amende,
fuivant la déclaration du Roi du 10 octobre 1723.

> *Nota.* 1.º Les arrêts des 29 novembre 1729 &
> 17 janvier 1730, défendent même d'en faire venir à

Dunkerque, quoique cette ville foit regardée comme étrangère.

Nota. 2.° *Voyez* **Cafés** dans l'ordre alphabétique de cette inftruction.

Caftors, ne peuvent entrer que pour le compte de la Compagnie des Indes qui en a le privilège exclufif, à peine de confifcation, tant de la Marchandife que des équipages, & de cent livres d'amende, fuivant les lettres patentes du mois d'août 1717 & les arrêts des 11 juillet 1718, 30 mai 1721 & 28 janvier 1722.

Cendres de Varech, *voyez* ci-après *Salicor.*

Draps contrefaits, ou de largeur d'une aune, ou d'une aune demi-quart, à peine de confifcation, tant des Marchandifes que des équipages, & de trois mille livres d'amende, par arrêt du 8 novembre 1687.

E'corce d'arbre appelée *Quina faux, faux Quinquina* ou *Quinquina femelle,* à peine de confifcation & de cinq cens livres d'amende, conformément à l'arrêt du 22 mars 1735.

E'toffes ou *Droguets* de fil teint ou peint, à peine de confifcation & de trois mille livres d'amende, fuivant l'arrêt du 22 novembre 1689.

E'toffes des Indes, de la Chine & du Levant, toiles peintes ou teintes, même les mouffelines & toiles de coton blanches, autres que celles provenant des ventes de la Compagnie des Indes *, à peine de confifcation & autres peines portées par l'édit du mois d'octobre 1726 & la déclaration du Roi du 2 août 1729, fuivant la qualité du délit.

* Voyez ci-après *Mouffelines.*

Nota. 1.° Par les arrêts des 25 mai & 14 feptembre 1728, la connoiffance des faifies de ces étoffes, lorf-qu'elles font faites en mer ou dans les ports, havres & rivages du Royaume, a été attribuée concurremment à Meffieurs les Intendans & aux juges de l'Amirauté ; auquel cas les Commis faififfans font tenus de donner affignation par-devant les uns & les autres conjointement, & de dépofer les procès verbaux aux greffes des Amirautés.

En tout autre cas, l'introduction eft de la compétence de Meffieurs les Intendans de Flandre & du Haynault *, fuivant les arrêts des 18 mars 1727 & 24 juin 1738 ; ce qui a été confirmé pour l'introduction en Haynault, par décifion du Confeil du 11 août 1751, quoiqu'il y ait une jurifdiction des traites à Valenciennes.

A l'égard des contraventions concernant le commerce, port & ufage des étoffes dont il s'agit, la connoiffance en appartient auffi à Meffieurs les Intendans de Flandre & du Haynault, en conféquence de différens arrêts, notamment de ceux des 27 août 1709, 8 octobre 1726 & 10 avril 1736, qui l'ont réfervée à Meffieurs les Intendans & Commiffaires départis dans les provinces.

Nota. 2.° Les Commis des octrois des villes, & autres que ceux des Fermes générales, qui font des faifies de Marchandifes prohibées, font tenus d'en informer dans l'inftant le Fermier général ou fes Commis, & de leur remettre les Marchandifes faifies, à peine d'être punis comme auteurs & complices de la contrebande, fuivant l'arrêt du 10 juin 1749.

E'toffes appelées *Velours de gueux*, compofées de fil & coton teints, à peine de confifcation & de trois mille livres d'amende, aux termes de l'arrêt du 22 novembre 1689 & de la décifion du Confeil du 25 décembre 1739.

E'toffe ou *Papier drapé* à ufage de tapifferie, par décifion du Confeil du 16 mai 1753.

Nota. Le fonds de cette forte d'étoffe qui fe fabrique

* Dans les autres provinces, ce font les Maîtres des ports ou leurs Lieutenans, les Juges des traites ou ceux des élections qui en connoiffent, conformément à l'édit du mois d'octobre 1726.

depuis peu en Hollande, eſt un gros papier peint ; les fleurs qui en forment le deſſein ſont de la poudre de laine ou de la tonture de draps, attachée ſur ce papier par une eſpéce de colle ou de gomme ; elle reſſemble aſſez à un velours d'Utrecht ou à la panne gauffrée.

Foulars, défendus, comme étoffe des Indes, ſuivant la déciſion du Conſeil du 29 juin 1751.

Glaces de miroirs, à peine de confiſcation & d'une amende que l'ordonnance de 1687, titre VIII, article VII, ne fixe qu'à cinq cens livres ; mais que les arrêts des 6 ſeptembre 1672 & premier avril 1674, ainſi que les lettres patentes du mois de décembre 1683, confirmées par d'autres lettres du 23 octobre 1702, portent à trois mille livres, l'adjugeant aux entrepreneurs de la manufacture des Glaces établie à Paris.

Habits vieux de ſoldats & autres de quelque fabrique étrangère que ce ſoit, à peine de confiſcation, tant de ces habits que des voitures, & de trois mille livres d'amende, par arrêt du 11 mars 1732.

> *Nota.* De cette défenſe, il eſt d'uſage d'excepter les habits que les paſſagers portent avec eux, pourvû qu'ils n'en aient que deux ou trois, ſuivant la qualité des perſonnes ; on n'en doit pas même percevoir les droits, ainſi qu'il réſulte d'une déciſion du 23 juin 1729.

Hareng blanc, autrement qu'en vrac, à peine de confiſcation, tant du Hareng que des navires, barques, bâtimens & autres voitures dans leſquels il en ſeroit trouvé, & de quinze cens livres d'amende, ſuivant les arrêts des 14 ſeptembre 1687 & 5 janvier 1691.

> *Nota.* 1.° On appelle *Hareng en vrac*, celui qui eſt tel qu'on l'a mis dans les barrils après la pêche ; c'eſt-à-dire, ſans être paqué ou lité, & ſans avoir tout le ſel néceſſaire à ſa conſervation, tranſport & débit.

Lors

Lors de son arrivée dans les ports de France, il doit être vû & visité, achevé d'être salé avec du sel de brouage, & ensuite lité dans des barrils neufs, conformément aux arrêts de 1687 & 1691.

> *Nota.* 2.º L'exception qui avoit été faite en faveur du Hareng de Hollande, n'a plus lieu ; il ne peut actuellement entrer dans le Royaume, à moins qu'il ne soit en vrac, suivant les décisions du Conseil des 30 mars 1749 & 14 avril 1750.

Maniquette en poudre. *Voyez* ci-après *Poivre.*

Mousselines & toiles de coton venant de l'étranger, marquées ou non marquées des plombs & bulletins de la Compagnie des Indes, par arrêts des 15 mars 1746 & 30 juillet 1748, à peine de confiscation, d'amende & autres peines portées par les règlemens concernant la contrebande en étoffes prohibées.

> *Nota.* Toutes sortes de broderies sur ces Mousselines & toiles de coton, ou sur des basins des Indes, sont dans le cas d'être saisies, suivant la décision du Conseil du 3 septembre 1746.

Ouvrages de porcelaine provenant des manufactures établies dans les États ou Souverainetés qui sont enclavés dans le Royaume, ou limitrophes ; à peine de confiscation, tant de ces ouvrages que des voitures, & de trois mille livres d'amende, suivant l'arrêt du 19 août 1753.

Points de Venise, à peine de confiscation & de cinq cens livres d'amende, par l'ordonnance de 1687, titre VIII, articles I.er & VII.

Poivre & *Maniquette* en poudre, à peine de confiscation & de cinq cens livres d'amende, par arrêt du 22 septembre 1722.

> *Nota.* Cet arrêt défend aussi de faire aucun mélange de ces deux graines, sous les mêmes peines.

Porcelaine. Voyez ci-dessus *Ouvrages.*

T

Quina faux. Voyez ci-deſſus *E'corce* d'arbre.

Rhapontic, à peine de eonfiſcation & de cinq cens livres d'amende, ſuivant l'arrêt du premier avril 1732.

Rubans. Voyez l'obſervation à l'article des *Boutons.*

Salicor ou *Cendres* de Varech, par arrêt du 30 ſeptembre 1743, ſous les peines portées par celui du 6 ſeptembre 1701, c'eſt-à-dire, de confiſcation & de trois mille livres d'amende.

Sardines de pêche étrangère, de quelque pays qu'elles puiſſent venir, à peine de confiſcation, tant des Sardines que des vaiſſeaux & bâtimens de mer, ſoit François ou d'autres nations, & de trois mille livres d'amende, par arrêt du 24 août 1748, confirmatif de ceux des 24 août 1715, 7 octobre 1717 & 18 novembre 1720.

Sel étranger, à peine des galères perpétuelles, par l'ordonnance du mois de mai 1680, titre XVII, article I.er

> *Nota.* Le Sel de France venant par la voie du pays étranger, eſt dans le même cas, ſuivant l'article III de l'arrêt du 23 mars 1720.

Serges peintes en fleurs ou imprimées, venant des pays étrangers, même d'Alſace, par déciſion du Conſeil du 13 mars 1739.

Toiles de coton. *Voyez* ci-deſſus *Mouſſelines.*

Toiles des Indes. *Voyez* ci-deſſus *E'toffes.*

Toiles de fil teint ou peint, ſoit que le fil dont elles ſont compoſées ſoit entièrement teint ou peint, ou qu'elles ſoient ſeulement rayées ou marquées de fil de couleur, à peine de confiſcation & de trois mille livres d'amende, par arrêts des 26 mars 1742 & 24 mars 1744.

> *Nota.* 1.º Les Toiles teintes en bleu, fabrique de

Bruges, de Courtray & autres villes de la Flandre étrangère, ont été nommément défendues à l'entrée par ordre de M. l'Intendant de Flandre, du 20 janvier 1746, en conféquence d'une décifion du Confeil.

Nota. 2.º Les coutils rayés de fil de couleur ne font pas compris dans la défenfe, fuivant la décifion du Confeil du 28 août 1751.

Velours de gueux. Voyez ci-deffus *E'toffes.*

E'TAT *des Marchandifes défendues à la fortie du Royaume.*

Armes, munitions, inftrumens & autres affortimens de guerre, par l'ordonnance des Fermes du mois de février 1687, titre VIII, articles I.er & III, à peine de confifcation, tant de ces Marchandifes que des équipages, & de cinq cens livres d'amende, fans préjudice des peines afflictives portées par les ordonnances, fuivant la qualité de la contravention.

SAVOIR;

Affûts.	*Cuiraffes.*	*Pétards.*
Balles.	*E'pées.*	*Piques.*
Bandoulières.	*Fourreaux de Piflolets.*	*Piflolets.*
Baudriers.	*Fufils.*	*Poiffes.*
Bombes.	*Grenades.*	*Poudre à feu.*
Cables & *Cordages.*	*Hallebardes.*	*Pierres à fufil.*
Canons.	*Javelines.*	*Salpêtre.*
Cafques.	*Mèches.*	*Sauciffes.*
Ceinturons.	*Mortiers.*	*Selles de chevaux.*
Cercles.	*Moufquets.*	

Nota. 1.ª Par ordre du Confeil du 24 juin 1714, les pierres à fufil furent permifes à la fortie en payant les droits; mais par autre ordre du Confeil du 4 décembre 1733, la fortie en a été défendue.

Nota. 2.º *Voyez* l'obfervation fur le mot *Armes* dans l'ordre alphabétique de cette inftruction.

T ij

Beſtiaux de toute eſpèce, par arrêt du 7 juin 1740, à peine de confiſcation, de trois mille livres d'amende & autres peines portées par les précédens règlemens.

> *Nota.* 1.° Cette défenſe ne s'applique pas aux Beſtiaux deſtinés pour la Lorraine, ainſi que le Conſeil l'a décidé le 14 octobre 1737, temps auquel il y avoit un arrêt du 18 juin de la même année 1737, pareil à celui du 7 juin 1740.

> *Nota.* 2.° Elle ne s'applique pas non plus aux Beſtiaux deſtinés pour Ypres, Furnes & Dunkerque. *Voyez Beſtiaux* dans l'ordre alphabétique de cette inſtruction.

> *Nota.* 3.° Les beſtiaux du pays de Gex, ſont auſſi exceptés de la défenſe. *Voyez* l'arrêt de 1740.

Blés. Voyez ci-après *Grains.*

Bois de noyer non ouvragé, à peine de confiſcation & de trois mille livres d'amende, par arrêt du 11 août 1720.

Bois de charpente, menuiſerie & autres bois néceſſaires à la conſtruction ou au chauffage, à peine de confiſcation & de dix mille livres d'amende, conformément à l'arrêt du 18 août 1722.

> *Nota.* 1.° Lorſque le Bois propre à la menuiſerie eſt en ouvrages, comme armoires, parquets, lambris & autres, il peut paſſer à l'étranger, ſuivant l'arrêt du 15 décembre 1722, ce qui eſt relatif à la diſpoſition de l'arrêt du 11 août 1720.

> *Nota.* 2.° *Voyez* les obſervations à l'article du *Bois* dans l'ordre alphabétique de cette inſtruction.

Bois merrain ſervant à la confection des fûtailles, comme auſſi les fûtailles fabriquées propres à reſſerrer les vins & autres liqueurs & denrées, à peine de confiſcation & de dix mille livres d'amende, par arrêts des 18 août & 15 décembre 1722.

Nota. Les cercles à relier les fûtailles font compris dans cette défenfe, fuivant les arrêts des 20 décembre 1740 & 18 avril 1741.

Bray gras, par ordre du Confeil du 25 février 1713.

Cardes, Drouffettes, Rots de canne, & généralement tout ce qui fert aux manufactures, fuivant les ordres du Confeil des 6 feptembre 1718 & 16 février 1728.

> *Nota.* Les chardons & les maillons de verre ne font pas compris dans cette défenfe. *Voyez* leurs articles dans l'ordre alphabétique de cette inftruction.

Caftor en peau ou en poil, à peine de confifcation, tant de la Marchandife que des voitures, & de trois mille livres d'amende au profit de la Compagnie des Indes, conformément à l'édit du mois de juillet 1720, article IV.

Cercles à tonneaux. *Voyez* ci-deffus *Bois* merrain.

Chanvre, à peine de confifcation & de cinq cens livres d'amende, par l'ordonnance de 1687, titre VIII, article VI, & l'arrêt du 23 juin 1722.

> *Nota.* Même pour Dunkerque, ainfi qu'il réfulte de la décifion du Confeil du 17 mars 1749.

Charbon de bois, à peine de confifcation, tant du Charbon que des équipages, & de trois mille livres d'amende, par arrêts des 31 octobre 1722 & 8 mars 1723.

> *Nota. Voyez* l'obfervation à l'article du *Charbon* dans l'ordre alphabétique de cette inftruction.

Chevaux, à peine de confifcation & de cinq cens livres d'amende, par l'ordonnance de 1687, titre VIII, articles I.er & III.

> *Nota.* Les mules & mulets ne font pas compris dans la défenfe, fuivant les décifions des 20 feptembre 1736 & 28 feptembre 1741, cette efpèce ne fe reproduifant point par elle-même.

T iij

Cuirs, tant de bœufs que de vaches & de veaux, en poil, tannés ou apprêtés, ne peuvent être tranſportés du Pays conquis hors du Royaume, à peine de confiſcation, tant de la Marchandiſe que des équipages, & de trois mille livres d'amende, ſuivant l'arrêt du 19 décembre 1744.

E'corces d'arbres ſervant à faire le tan pour l'apprêt des cuirs, à peine de confiſcation & de mille livres d'amende, par arrêt du 13 juin 1720.

> *Nota.* Suivant la déciſion du Conſeil du 4 avril 1753, il ne doit être délivré dans les bureaux de la direction de Charleville aucuns acquits à caution pour les E'corces, à la deſtination d'Hebbes & de Vireux-Wallerand, mais ſeulement à la deſtination de Givet.

Farines. Voyez ci-après *Grains.*

Fers vieux & mitrailles de fer, comme éclats de bombes, vieux boulets de canon, vieilles marmites, contrecœurs de cheminées, vieux clous & autres ferrailles, ne peuvent ſortir des provinces de Flandre, Haynault & Artois, pour le pays étranger, à peine de confiſcation & de trois mille livres d'amende, ſuivant l'arrêt du 18 novembre 1720.

Feuilles de myrthe ou de ruſque, par déciſion du Conſeil du 4 juillet 1720, étant néceſſaires pour la tannerie.

Fils gris ou écrus, & tous Fils retors, ne peuvent ſortir des provinces de Flandre, du Haynault, de Picardie, d'Artois & du Soiſſonnois, pour l'étranger, s'ils ne ſont teints ou blanchis, à peine de trois mille livres d'amende payable par corps pour la première fois; & de ſix mille livres d'amende, même de plus grande peine, en cas de récidive, contre les propriétaires; & de trois cens livres d'amende, pareillement payable par corps, contre les voituriers, outre la confifcation des fils & des équipages, conformément à l'arrêt du 10 juin 1749.

> *Nota.* 1.º Pareilles défenfes avoient été faites, tant par arrêts des 2 feptembre 1679, 5 décembre 1702 & 6 juillet 1728, que par ordre du Confeil du premier avril 1711.

> *Nota.* 2.º *Voyez* l'obfervation à l'article des *Fils* dans l'ordre alphabétique de cette inftruction.

Fils de fayette, ne peuvent être tranfportés du Pays conquis à l'étranger, à peine de confifcation, tant des fils que des équipages, & de trois mille livres d'amende, fuivant l'arrêt du 19 décembre 1744.

Foins, ne peuvent paffer du Pays conquis à l'étranger, à peine de confifcation, tant des foins que des équipages, & de cinq cens livres d'amende, conformément à l'ordonnance du Roi du 22 août 1731.

Fûtailles. Voyez ci-deffus *Bois* merrain.

Garence en plante ou racine, ne peut paffer du Pays conquis à l'étranger, à peine de confifcation, tant de la garence que des équipages, & de trois cens livres d'amende, fuivant l'ordonnance de M. l'Intendant de Flandre, du 24 octobre 1732.

> *Nota.* Il y a un arrêt du 20 août 1720 fur le même fujet.

Graines de lin, de colzat ou navette, & autres fervant à faire de l'huile, ne peuvent fortir des provinces de Flandre, Haynault, Picardie & Artois, pour l'étranger, à peine de confifcation & de cinq cens livres d'amende, par arrêts des 12 août 1738 & 3 décembre 1743.

> *Nota.* Elles ne peuvent même, fuivant ce dernier arrêt, être embarquées dans les ports de Dunkerque, Calais, Saint-Valery & autres, fous prétexte de deftination pour d'autres provinces du Royaume; mais par arrêts des 21 mars 1744 & 22 février

1752, il a été fait une exception en faveur des graines de lin, de navette & autres propres à semer, deſtinées pour les provinces de Normandie & de Bretagne, en prenant des acquits à caution.

Grains, farines & légumes de toute eſpèce, à peine de confiſcation & de cinq cens livres d'amende, par l'ordonnance de 1687, titre VIII, article VI, par celle du 9 novembre 1733, & par arrêt du 12 janvier 1744.

> *Nota.* Ils ne pourroient ſortir de la frontière de Flandre par mer, depuis le port de Saint-Valery juſqu'à celui de Dunkerque, quand même ils feroient deſtinés pour des provinces du Royaume, ſous les peines ci-deſſus, aux termes de l'arrêt ci-devant cité.

Lard & autres ſalaiſons, à peine de confiſcation & de trois mille livres d'amende, par arrêt du 21 février 1741.

> *Nota.* Les jambons ne ſont pas compris dans cette défenſe, ſuivant la déciſion du Conſeil du 29 mai 1741.

Légumes. Voyez ci-deſſus *Grains; voyez auſſi* l'article des *Légumes* dans l'ordre alphabétique de cette inſtruction.

Lie de vin. Voyez ci-après l'obſervation ſur le mot *Rapé.*

Lin, par l'ordonnance de 1687, titre VIII, article VI, par l'arrêt du 23 juin 1722, & par celui du 10 juin 1749, ſous les peines portées par ce dernier arrêt, & ci-devant expliquées à l'article des *Fils.*

> *Nota.* Voyez *Lin* dans l'ordre alphabétique de cette inſtruction.

Marc de vin. Voyez ci-après *Rapé.*

Métiers à faire bas, à peine de confiſcation & d'amendes; ſavoir, de cent livres contre le voiturier, de trois cens livres contre le vendeur, & de mille livres contre l'acheteur, ſuivant l'arrêt du 25 avril 1724.

Nota.

Nota. Ils ne peuvent même être tranſportés d'une province à une autre, qu'en rempliſſant leſ formalités preſcrites par cet arrêt, ſous les mêmes peines.

Œufs, défendus à la ſortie par Dunkerque & par Calais, conformément à l'ordre du Conſeil du 28 décembre 1749.

> *Nota.* On doit excepter de cette défenſe les petites parties d'œufs que les habitans de la campagne ont coûtume de porter à Dunkerque les jours de marché, pour la conſommation de cette ville, relativement à l'arrêt du 20 juillet 1700.

Or & Argent monnoyé ou non monnoyé, à peine de confiſcation des eſpèces & matières, des Marchandiſes avec leſquelles elles ſeront emballées, & des équipages qui auront ſervi à les tranſporter, avec amende de cinq cens livres, conformément à l'ordonnance de 1687, titre VIII, articles I & III, même à peine de la vie, ſuivant l'édit du mois de février 1726.

> *Nota* 1.º Cet édit permet néanmoins aux ſujets du Roi & aux étrangers ſortant du Royaume, de porter la quantité d'eſpèces néceſſaires pour leur ſubſiſtance & celle de leurs domeſtiques & équipages.

> *Nota.* 2.º Les marchands des Cantons Suiſſes peuvent emporter en eſpèces courantes d'or ou d'argent, le prix des Marchandiſes qu'ils ont apportées & vendues dans le Royaume, en prenant des paſſeports de Meſſieurs les Intendans, conformément à l'arrêt du 20 décembre 1687 & à l'article CCCLXXXIX du bail de Forceville.

> *Nota.* 3.º La vaiſſelle d'argent & les ouvrages d'orfèvrerie, d'or & d'argent, ne ſont point compris dans la défenſe, ſuivant les arrêts des 30 mars 1722, premier août 1733 & 20 juillet 1751.

> *Nota.* 4.º Cette défenſe ne s'étend pas non plus aux piaſtres, elles ſont regardées comme Marchandiſes. *Voyez* leur article dans l'ordre alphabétique de cette inſtruction.

V

Perles, Diamans & Pierres fines, à peine de confifcation & de cinq cens livres d'amende, par l'ordonnance de 1687, titre VIII, articles I & III.

> *Nota.* La défenfe ne s'applique point aux pierre-
> ries qui ont été montées & mifes en œuvre dans le
> Royaume, fuivant les décifions du Confeil, citées à
> l'article des *Perles* dans l'ordre alphabétique de cette
> inftruction.

Rapés & marcs de vin, par arrêt du 6 novembre 1685,
à peine de quinze cens livres d'amende contre le
vendeur, de confifcation des voitures, de trois
mille livres d'amende pour la première fois contre
les voituriers, & d'être procédé contre eux extraordinairement en cas de récidive.

> *Nota.* Cette défenfe ne concerne pas feulement le
> marc de raifin, elle concerne auffi la lie de vin, l'un
> & l'autre fervant indifféremment à faire le vinaigre,
> dont le Confeil a eu en vûe de maintenir le com-
> merce avec l'étranger.

Salpêtre, à peine de confifcation, tant du Salpêtre que
des équipages, & de cinq cens livres d'amende, par
l'ordonnance de 1687, titre VIII, articles I.ᵉʳ & III.

Soies graizes, originaires du Royaume, à peine de
confifcation, tant des Soies que des équipages, & de
cinq cens livres d'amende, par arrêt du 9 juillet 1720.

> *Nota.* Les Soies graizes font des Soies telles qu'elles
> ont été enlevées des cocons, avant d'avoir reçû aucun
> apprêt.

Soies teintes, propres à fabriquer des étoffes, par arrêt
du 20 février 1725, à peine de confifcation & de
mille livres d'amende.

Toiles en écrû, propres à être blanchies, ne peuvent
paffer du Pays conquis à l'étranger, à peine de
confifcation & de mille livres d'amende, par arrêts
des 2 feptembre 1679 & 5 décembre 1702.

Nota. Il faut excepter les Toilettes ou Toiles de Cambray, qui peuvent fortir pour être employées en écrû, fuivant l'ordonnance de M. de Bagnol, ci-devant Intendant de Flandre, du 18 avril 1708, à condition de ne pouvoir rentrer après avoir été blanchies, fous les peines portées par les règlemens.

MARCHANDISES *entrant ou fortant en fraude des droits, ou au préjudice des défenfes, par intelligence avec les Commis.*

Les loix déployent une égale févérité contre les Commis infidèles & contre les marchands qui les féduifent à prix d'argent, ou moyennant quelqu'autre récompenfe équipolente.

L'ordonnance de 1687, titre XIV, article XVIII, avoit ordonné que l'on procédât extraordinairement contre eux, & qu'ils fuffent condamnés en une amende qui ne pourroit être moindre que du quadruple des droits fraudés, fans préjudice des peines afflictives qui pourroient être prononcées, félon la qualité du délit.

Mais ces peines n'ayant point été expliquées par l'ordonnance, & l'amende du quadruple n'étant point fuffifante pour réprimer la collufion des Commis avec les marchands, il intervint le 20 feptembre 1701, une déclaration du Roi dont on ne peut laiffer ignorer les difpofitions.

Elle veut, 1.° qu'il foit procédé extraordinairement contre les négocians, marchands & autres, qui, d'intelligence avec les Commis & Employés, auront fait entrer ou fortir des Marchandifes de quelque qualité qu'elles foient, en fraude des droits ou par contravention aux défenfes ; enfemble contre les Receveurs, Contrôleurs & autres Employés des Fermes,

V ij

2.° Que pour réparation, les négocians & marchands
soient déclarés indignes de faire aucun commerce
à l'avenir ; que leurs boutiques soient murées, leurs
enseignes ôtées, & leur nom mis dans un tableau
affiché dans l'auditoire de la jurisdiction consulaire
la plus prochaine.

3.° Qu'à l'égard de leurs facteurs, voituriers & autres,
s'ils ont eu part à la subornation, ils soient appliqués
au carcan pendant trois jours de marché.

4.° Enfin que les Receveurs, Contrôleurs, Visiteurs
& autres Employés, soient condamnés aux galères
pour neuf ans.

Le tout sans préjudice des amendes, confiscations,
& autres peines pécuniaires portées par les ordonnances.

Ces dispositions ont été déclarées communes pour
toutes les Fermes du Roi, par une autre déclaration
du 12 octobre 1715.

L'édit du mois d'octobre 1726, article X, & la
déclaration du 2 août 1729, article II, concernant
les toiles peintes & étoffes prohibées, prononcent
la peine de mort contre les Commis & Employés
qui font d'intelligence avec les contrebandiers,
favorisent leur passage, ou font eux - mêmes la
contrebande & la fraude.

Ceux qui ont été ci-devant employés dans les Fermes
en qualité de Commis ou de Gardes, & qui font
arrêtés avec des Marchandises de contrebande,
doivent être condamnés aux galères pour cinq ans
& en cinq cens livres d'amende, conformément
à l'article IX de la déclaration citée dans l'article
précédent.

MARCHANDISES *entreposées sur la frontière, ou sur le terrein vague qui se trouve entre le canal de Mardick & la mer.*

L'arrêt du premier mars 1712 & l'ordonnance de M. de Sécheiles Intendant de Flandre, du 6 mai 1736, en défendant en général dans la lieue de la frontière, tous magasins dont il pourroit être fait abus, n'ont jamais entendu autoriser quelque part que ce fût hors de cette lieue, & même des quatre lieues des Cinq grosses fermes, des entrepôts évidemment frauduleux ; c'est ce que la jurisdiction des traites établie à Valenciennes a jugé le 16 juin 1749, à l'occasion d'une saisie de quatre - vingt-treize barres de fer, qui, après avoir été introduites en fraude, avoient été entreposées dans l'écurie d'un cabaret au fauxbourg de Marli près Valenciennes, à trois lieues des terres étrangères, & cachées sous l'auge des chevaux : la confiscation de ce fer fut prononcée, avec amende de trois cens livres contre le cabaretier.

La franchise accordée par l'arrêt du 10 octobre 1716 au canal de Mardick, & au terrein vague qui se trouve entre ce canal & la mer, se réduit à la seule exemption des droits ; tout magasin ou entrepôt sur ce terrein est expressément défendu, & les Commis ont la liberté d'y faire des visites quand bon leur semble, conformément aux articles II & III de l'arrêt que l'on vient de citer.

Ces visites doivent se faire sans que les Commis soient tenus d'être accompagnés d'un juge, suivant la décision du 13 août 1750, autrement elles deviendroient inutiles.

MARCHANDISES *abandonnées & non réclamées dans la huitaine.*

Lorsque des Marchandises saisies ont été abandonnées par les marchands ou voituriers, & qu'on ne les a pas réclamées dans la huitaine, l'article XVII du titre XI de l'ordonnance de 1687, permet d'en poursuivre la confiscation, & de les faire vendre en présence du Procureur du Roi, huit jours après qu'elle a été prononcée : mais suivant le même article, cette vente doit être précédée de trois publications faites de trois en trois jours, tant à la porte de l'auditoire du juge qu'à celle du bureau.

Une règle aussi essentielle n'est pas du nombre de ces formalités indifférentes qui peuvent être omises ou négligées sans conséquence ; elle a été établie sur un motif important qui se trouve dans l'article déjà cité ; ç'a été pour que, si dans la suite la restitution des Marchandises venoit à être ordonnée, le Fermier fût seulement tenu de rendre le prix porté par le procès verbal de vente.

MARCHANDISES *confisquées.*

L'ordonnance de 1681, article XLVII du titre commun ; l'ordonnance de 1687, titre XII, article XV; l'arrêt & les lettres patentes du 20 juin 1724 ayant accordé aux parties un délai de trois mois pour relever l'appel des sentences ou jugemens portant confiscation, à compter du jour de leur signification à personne ou domicile, on ne doit procéder à la vente des Marchandises confisquées que lorsque ce délai est expiré ; & s'il y avoit appel, il faudroit la différer jusqu'après le jugement de l'appel, conformément à l'article XXVI du titre commun, à

moins que les Marchandises ne fuſſent ſujettes à
dépériſſement ; auquel cas on pourroit , ſuivant
l'ordonnance de 1687, titre XIII, article II, paſſer
outre à la vente, partie dûement appelée ; ſi mieux
n'aimoit la partie donner bonne & ſuffiſante caution
de la valeur des Marchandiſes , ou en conſigner le
prix entre les mains du Fermier , eſtimation préalablement faite , relativement à l'article X du titre XI
de la même ordonnance.

MARCHANDISES & *effets qui reſtent dans les bureaux.*

L'arrêt & les lettres patentes du 13 août 1726 ordon-
nent que les Marchandiſes & effets qui, après deux
ans de ſéjour dans les bureaux, n'auront pas été
réclamés , ſeront vendus au plus offrant & dernier
enchériſſeur. Ces règlemens preſcrivent pluſieurs
formalités qu'il eſt néceſſaire d'obſerver avant de
procéder à la vente ; ainſi l'on doit y avoir recours
lorſque le cas arrive.

MARCHANDISES *qui s'égarent dans les bureaux après avoir acquitté les droits.*

Le Fermier ni ſes Commis n'en ſont point reſponſa-
bles ; le Conſeil, par déciſion du 4 mars 1747 ,
& la Cour des Aides de Paris , par arrêt du 27
mars 1748 , l'ont ainſi jugé.

MARCHANDISES *non ſaiſiſſables.*

L'article DLXXXIV du bail de Forceville, porte que
les Marchandiſes & denrées conduites & dépoſées
dans les bureaux , n'y pourront être ſaiſies , ſous
aucun prétexte , que par l'adjudicataire , qui les
pourra délivrer aux conducteurs après le payement
des droits ; & qu'en cas de ſaiſies elles demeureront
nulles.

MASTIC. *Voyez* l'état des Marchandises du Levant.

MÉLASSE. *Voyez* SYROPS.

MERCERIE venant de tout pays étranger, autre que l'Angleterre, & dont l'état suit.

SAVOIR;

Ambre jaune en chapelets & autres ouvrages.

Alênes.

Armes blanches, comme épées, sabres & lames.

Balais de sale.

Bandoulières.

Boîtes ferrées, malles, mallettes & bougettes.

Boîtes de sapin peintes.

Boîtes de miroir sans enrichissement.

Boucles de fer & acier pour souliers.

Boucles de cuivre pour souliers.

Bourses de cuir & laine.

Boutons étamés. *Briquets.* } *Voyez leur article dans l'ordre alphabétique de cette instruction.*

Brosses à nétoyer meubles & planchers.

Brosses & vergettes à nétoyer habits.

Brosses à souliers, ou décrotoires.

Brosses à long manche, à l'usage des Peintres & Barbouilleurs.

Cabinets d'Allemagne de peu de valeur.

Cadres & Bordures.

Campanes.

Canifs ou *Canivets.*

Cannes, Roseaux & Jets de Cannes. *Voyez* leur article dans l'ordre alphabétique de cette instruction.

Cartes à jouer.

Ceintures de fil & laine.

Ceinturons. Voyez leur article dans l'ordre alphabétique de cette instruction.

Chapelets d'ambre, rocaille, verre & bois.

Chifflets ou *Siflets.*

Ciseaux fins & communs.

Clous à cordonnier & à sellier.

Colliers de verre. *Voyez* leur article dans l'ordre alphabétique de cette instruction.

Coquilles de nacre.

Cordes à boyau.

Cordons de toute sorte, sans or, argent ni soie.

Cornets à jouer.

Couteaux de toute sorte, & à cordonnier, dits *Trancheirs.*

Cuillières de buis & *Cuillières* de bois, autres que celles d'ouvrage grossier.

Cuillières à thé, de tombac. *Voyez* leur article dans l'ordre alphabétique de cette instruction.

Dez de verre ou de corne.

Dez de cuivre & d'acier. *Voyez* leur article dans l'ordre alphabétique de cette instruction.

Dez à jouer.

Ecritoires communes.

Eguillettes de cuir, fil & laine.

Eperons.

Etriers.

Fil d'arbalêtre.

Flammes

Clous de cuivre, } Sont auſſi au rang de la Mercerie. *Voyez* leur artiele
Grains de verre, } dans l'ordre alphabétique de cette inſtruction.

Flammes pour maréchal.

Petites *Forces* à tondre.

Fouets. Voyez leur article dans l'ordre alphabétique de cette inftruction.

Fourchettes d'acier & de cuivre.

Horloges de fable.

Jayet ou *Jais* lis ou brut.

Jettons, autres que d'argent.

Images ou empreintes fur matière de corne & autres pareilles compofitions. *Voyez* leur article dans l'ordre alphabétique de cette inftruction.

Lames, gardes d'épées & dagues de fer.

Lardoires fines de cuivre.

Limes fines à orfèvres & à horlogers.

Malles. Voyez ci-deffus *Boîtes ferrées.*

Manches d'alênes.

Moules à boutons.

Moulins à café. *Voyez* leur article dans l'ordre alphabétique de cette inftruction.

Orpeaux, & tous autres petits cuirs avec peintures.

Patenotres.

Peignes de bois & de buis.

Pelotons.

Pinceaux.

Poupées.

Ramonnettes.

Raquettes.

Rubans, cordons & treffes de laine.

Sangles.

Soie de porc. *Voyez Poil* de fanglier dans l'ordre alphabétique de cette inftruction.

Tabourets.

Tire-bouchons de fer, acier ou cuivre, avec la mèche d'acier. *Voyez* leur article dans l'ordre alphabétique de cette inftruction.

Verges & *Vergettes* à éterdre.

Veftins.

Vrilles montées. *Voyez* leur article dans l'ordre alphabétique de cette inftruction.

Dix livres. Et autres femblables merceries, à toutes les entrées; par arrêt du 3 juillet 1692, le cent pefant.

Et à la fortie, les droits du tarif de 1671, à l'exception des efpèces dont les droits de fortie peuvent avoir été augmentés ou diminués par des règlemens poftérieurs, & dont on a fait mention en leur ordre dans cette inftruction.

Défendue. MERCERIE d'Angleterre. *Voyez* l'état des Marchandifes défendues à l'entrée.

Nota. 1.º Les Commis du bureau de la baffe ville de Dunkerque ne doivent avoir aucun égard aux certificats des Officiers de la Chambre de Commerce de Dunkerque, pour les merceries & quincailleries déclarées de Hollande, à moins qu'il ne soit justifié par des certificats autentiques des Magistrâts des villes de Hollande, que ces Marchandises sont de telle ou telle manufacture qui sera désignée, & qu'il ne soit rapporté des acquits des droits payés à la sortie de Hollande pour ces mêmes Marchandises, suivant la décision du Conseil du 4 mars 1743.

Nota. 2.º Les passavans que l'on délivre pour la mercerie & la quincaillerie qui se transportent d'un lieu à l'autre du Pays conquis, doivent contenir une destination fixe, & l'on ne doit accorder par ces expéditions que le temps nécessaire pour aller au lieu de la destination; mais cette règle générale reçoit une exception en faveur des colporteurs qui vont de village en village, & qu'on ne pourroit assujétir à une destination fixe, sans détruire tout leur commerce, ainsi qu'il résulte de la décision du 30 septembre 1749.

MÉTIERS à faire bas. *Voyez* l'état des Marchandises défendues à la sortie. . . . . *Défendus.*

Cinq pour cent. MEULES à taillandiers, venant directement d'Angleterre ou par la Hollande & autres pays étrangers, ne doivent que cinq pour cent de la valeur, comme Marchandise omise au tarif de 1671, suivant la décision du Conseil du 10 avril 1753.

MIEL blanc & cru, c'est celui qui n'est point séparé de la cire, & qui vient en gaufres & dans des manes.

MIEL façonné & cuit, c'est celui qui est séparé de la cire par le feu, & qui vient en tonneaux.

Nota. Quant aux droits sur le miel, *voyez* le tarif de 1671.

MINIUM. *Voyez* PLOMB.

MINE de fer, à l'entrée. *Voyez* FER.

Et à la sortie, suivant la décision du 9 septembre 1734, cinq pour cent de la valeur, comme Marchandise omise au tarif de 1671. . . . . *Cinq pour cent.*

MIRABOLANS. *Voyez* l'état des Marchandises du Levant.

Défendus. MIROIRS ou glaces de Miroirs. *Voyez* l'état des Marchandifes défendues à l'entrée.

MIROIRS communs , doivent à la fortie , comme mercerie , par arrêt du 3 juillet 1692 , le cent pefant. . . . . *Deux livres.*

MITRAILLE de cuivre. *Voyez* CUIVRE vieux.

MITRAILLE de fer. *Voyez* FERS dans l'état des Marchandifes défendues à la fortie. . . . . *Défendue.*

MOLETONS. *Voyez* ÉTOFFES.

Défendues. MONTRES d'Angleterre. *Voyez* l'état des Marchandifes défendues à l'entrée.

MOQUETTES. *Voyez* ÉTOFFES.

Trente-fix liv. MORUE verte ou Cabillau falé provenant des pêches étrangères , autres que celles Danoife & Hollandoife , à toutes les entrées , par arrêt du 4 octobre 1691 , le barril du poids de trois cens livres.

Douze livres. MORUE verte de pêche Danoife , auffi à toutes les entrées , par décifion du Confeil du 20 janvier 1750 , le barril du poids de trois cens livres.

Douze livres. MORUE verte de pêche Hollandoife , auffi à toutes les entrées , jufqu'au premier avril 1754 , par décifion du Confeil du 10 feptembre 1753 , le barril du poids de trois cens livres.

Néant. MORUE verte de la pêche de Dunkerque , ne doit ni droit d'entrée ni droit de fortie , fuivant la décifion du Confeil du 28 octobre 1713 , pourvû que les formalités prefcrites par les arrêts des 25 février & 15 juin 1700 aient été remplies. . . . . *Néant.*

Quatre liv. MORUE sèche , Merluche ou Stocfick , autre que d'Angleterre & de Hollande , à toutes les entrées , par arrêt du 4 octobre 1691 , le cent pefant.

X ij

Huit livres. MORUE sèche d'Angleterre & pays en dépendans, par arrêt du 6 septembre 1701, le cent pesant.

Huit livres. MORUE sèche venant de Hollande, est réputée provenir de pêche Angloise, & assujétie au même droit, par arrêt du 10 septembre 1746, le cent pesant.

Néant. MORUES, tant vertes que sèches, qui proviennent de la pêche des François à l'isle royale, appelée ci-devant l'*isle du Cap-Breton*, sont affranchies des droits d'entrée, par arrêt du 26 mars 1743, pendant dix années, commencées le premier janvier 1744, en observant les formalités prescrites par cet arrêt & par celui du 26 septembre 1741. *Voyez* HUILES.

MOUCADES. *Voyez* E'TOFFES.

MOULINS à café. Si les entonnoirs sont de cuivre, ils sont regardés & doivent les droits d'entrée comme mercerie; si les entonnoirs sont d'étain, ils doivent cinq pour cent de la valeur, comme Marchandise omise au tarif de 1671, suivant la décision du 10 mai 1742.

MOUSSELINES & autres Marchandises de la Compagnie des Indes. *Voyez* le chapitre des Marchandises de cette Compagnie; *voyez* aussi l'état des Marchandises défendues à l'entrée.

MOUTONS & Brebis. *Voyez* BESTIAUX.

Nota. Il y a un arrêt du 3 février 1688, qui ordonne que les moutons & brebis payeront à leur entrée dans le Royaume trente sols par pièce, & ce suivant l'arrêt du 2 septembre 1669; mais comme l'arrêt de 1688 ne fait que renouveler celui de 1669, qui est antérieur au tarif de 1671, & dont l'exécution n'avoit été suspendue que par rapport à la disette des bestiaux, il s'enfuit qu'à l'expiration du délai prescrit par l'arrêt du 16 janvier 1753 pour l'exemption générale accordée aux beftiaux de toute nature, le tarif de 1671 dans lequel les moutons & brebis qui entrent pour la confommation du Pays conquis font tirés à néant, doit reprendre fa force & être exécuté à cet égard nonobftant l'arrêt de 1688.

MULES & Mulets, ne font pas compris dans la défenfe concernant la fortie des chevaux, fuivant les décifions citées à la lettre *C*, dans l'état des Marchandifes défendues à la fortie.

MUNITIONS de guerre & de bouche, quoique deftinées pour le fervice de Sa Majefté, doivent les droits, y ayant été affujéties par l'article CCCXCIV du bail de Forceville, à moins qu'elles ne foient accompagnées de paffeports du Roi ou d'ordres de Meffieurs les Intendans, en conféquence de ceux du Confeil, auquel cas il eft tenu compte des droits au Fermier; mais pour le mettre en état de les réclamer, il faut que le Receveur retienne ces paffeports ou ordres, qu'il liquide au pied les droits qui feroient dûs, & qu'enfuite il prenne du conducteur une reconnoiffance portant qu'il n'en a point été payé.

Si elles n'étoient accompagnées ni de paffeports ni d'ordres, il faudroit en faire payer les droits; ou du moins pour n'en point retarder le tranfport, le Receveur pourroit fe contenter de prendre des Entrepreneurs ou autres perfonnes folvables, des foûmiffions de rapporter dans un délai compétent, tel que trois mois, des paffeports du Roi, ou de payer les droits. Cette facilité a été autorifée par une décifion du Confeil du 31 octobre 1744; au furplus, *voyez* ARMES.

MURIERS. *Voyez* PLANTS.

MYRRHE. *Voyez* l'état des Marchandifes du Levant.

N

NACRES. *Voyez* l'état des Marchandifes du Levant.

NAPES & Serviettes. *Voyez* LINGE.

NATRON *ou* Soude. ⎫
NOIX vomique. ⎬ *Voyez* l'état des Marchandifes du Levant.

O

ŒUFS. *Voyez* l'état des Marchandifes défendues à la fortie, & le chapitre des Marchandifes envoyées à Dunkerque.

OPIUM. ⎫
OPPOPONAX. ⎬ *Voyez* l'état des Marchandifes du Levant.

Néant. OR & Argent en maffe ou lingots, ne doivent rien à l'entrée, conformément au tarif de 1664 & à la décifion du 8 janvier 1750, afin d'en attirer l'abondance dans le Royaume.

Et à la fortie, *voyez* l'état des Marchandifes défendues. *Défendus.*

Néant. OR *ou* Argent brûlé, doit être regardé comme l'or & l'argent en maffe ou lingots, ainfi il n'eft point fujet au droit d'entrée.

OR & Argent en ouvrages d'orfèvrerie. *Voyez* ci-après OUVRAGES.

Dix livres. OR & Argent faux, trait, à toutes les entrées, par arrêt du premier décembre 1716, le cent pefant.

Vingt livres. OR & Argent faux, filé, à toutes les entrées, fuivant le même arrêt, le cent pefant.

ORANGES & Citrons; les droits n'en doivent point être perçûs en effence ou en nature, mais fuivant le tarif de 1671, à l'article *Citrons*, conformément à la décifion du Confeil du 21 janvier 1717.

OREILLONS; les arrêts des 8 mars 1733 & 6 mai 1738, cités à l'article du *Linge vieux*, doivent avoir leur exécution pour les oreillons propres à faire la colle.

Trois livres. OS de bœufs venant d'Angleterre, par arrêt du 6 feptembre 1701, le millier en nombre.

OUVRAGES d'orfèvrerie, comme gardes d'épées d'argent & d'argent doré, enfemble les bijoux d'or & d'argent, comme tabatières, boîtes à mouches, étuis de poche & autres petits ouvrages de cette efpèce, par arrêt du 30 mars 1722, fix pour cent de la valeur. *Six pour cent.*

Droits du tarif. OUVRAGES d'acier ou de cuivre, mêlés d'or ou d'argent, ou damafquinés & façonnés de rapport, autres que ceux compris dans l'état de la mercerie, doivent les droits d'entrée du tarif de 1671.

Droits du tarif. OUVRAGES d'acier fans or ni argent, autres que ceux compris dans l'état de la mercerie, doivent les droits d'entrée du tarif de 1671.

Six livres. OUVRAGES de cuivre, autres que ceux compris dans l'état de la mercerie, doivent à l'entrée fix livres du cent pefant, comme quincaillerie de cuivre, fuivant l'arrêt du 3 juillet 1692.

> *Nota.* Il faut excepter de l'article ci-deffus le cuivre ouvré en chaudrons, platines & autres fortes d'ouvrages qui ne font point partie de la quincaillerie, & qui ne doivent que les droits portés par le tarif de 1671 à l'article du *Cuivre* ouvré en chaudrons.

Trente livres. OUVRAGES de quincaillerie de fer, ou de fer & acier, par arrêt du 10 avril 1702, le millier pefant.

Quinze liv. OUVRAGES de taillanderie & gros inftrumens de fer, par le même arrêt, le millier pefant.

Nota. Voyez pour le détail , l'article des *Fers,* celui
de la *Quincaillerie* & celui de la *Taillanderie.*

Défendus. O U V R A G E S d'horlogerie venant d'Angleterre. *Voyez*
Montres dans l'état des Marchandifes défendues
à l'entrée.

O U V R A G E S de Porcelaine. *Voyez* PORCELAINE.

O U V R A G E S de verrerie. *Voyez* V E R R E.

O U V R A G E S de bois , comme boîtes de fapin , &
autres de Nuremberg. *Voyez* B O Î T E S ; *voyez* auffi
l'état de la mercerie.

O U V R A G E S d'ofier. *Voyez* le tarif de 1671 , à
l'article *Balles.*

Cinq pour cent. O U V R A G E S de pâte, d'amidon ou d'autres matières,
enjolivés de plumes & de couleur, doivent à l'entrée
cinq pour cent de la valeur, comme Marchandifes
omifes au tarif de 1671 , fuivant la décifion du 21
janvier 1743.

P

Une liv. dix fols. P A P I E R de toute forte, par arrêts des 3 juillet 1692
& 27 mars 1725, doit, à toutes les entrées, pour
chaque rame compofée de vingt mains , & chaque
main de vingt-cinq feuilles.

Et à la fortie , foit pour les pays étrangers, par arrêts
des 24 décembre 1701 & 2 avril 1702 , foit pour
Marfeille , Bayonne & Dunkerque, par arrêts des
3 octobre 1702 & 23 octobre 1703 , foit pour
Metz , Toul & Verdun , par autre arrêt du 23
décembre 1704. . . . . *Néant.*

P A P I E R doré & marbré. *Voyez* I M A G E S.

P E A U X de caftor. *Voyez* C A S T O R.

PEAUX de chamois, *ou* Peaux de moutons & chevreaux, habillées en blanc, jaune ou autres couleurs, façon de chamois. *Voyez* CHAMOIS.

Dix-huit fols. PEAUX de chèvres apprêtées, autres que celles en façon de chamois, par le tarif de 1667 & les arrêts des 15 mars & 10 mai 1689, à toutes les entrées, la douzaine.

PEAUX de buffles, ou paffées en buffle. *Voyez* BUFFLE.

PEAUX de moutons & d'agneaux en laine, par arrêt du 2 juin 1744, le cent pefant. . . . . *Vingt-cinq livres.*

Vingt pour cent. PEAUX de veaux paffées en couleur doivent, à toutes les entrées, par arrêts des premier février & 10 mai 1689, vingt pour cent de la valeur.

Six livres. PEAUX de veaux apprêtées & corroyées, autres que celles paffées en couleur, par arrêt du 10 mai 1689, à toutes les entrées, la douzaine.

Douze livres. PEAUX de veaux en poil & non apprêtées, venant d'Angleterre & pays en dépendans, par arrêt du 6 feptembre 1701, la douzaine.

Défendues. PEAUX de veaux tannées, corroyées ou apprêtées, venant d'Angleterre. *Voyez* l'état des Marchandifes défendues à l'entrée.

PEAUX de veaux fimplement tannées & corroyées, des fabriques du Pays conquis (autres que les cuirs noirs à grains à faire empeignes) ne devoient rien à la fortie, fuivant la décifion du 6 octobre 1713, mais elles font actuellement du nombre des Marchandifes dont la fortie eft défendue. *Voyez Cuirs* dans l'état des Marchandifes défendues à la fortie. . *Défendues.*

PEAUX de veaux en poil. *Voyez* le même état. . . . *Défendues.*

Nota. Par décifion du Confeil du 6 avril 1748, les marchands chamoifeurs de Solre - le - Château, d'Avefne & de Bavay, ont été déboutés de leur

Y

demande, tendante à ce qu'il leur fût permis d'envoyer leurs peaux à Givry, village dépendant de la prevôté de Mons, pour y être foulées & revenir enfuite fans payer les droits de fortie & d'entrée.

Vingt pour cent. PEAUX de bœufs & vaches paffées en buffles ou apprêtées en couleur, doivent à toutes les entrées, fuivant l'arrêt du 10 mai 1689, vingt pour cent de la valeur.

PEAUX de bœufs venant d'Angleterre. *Voyez* CUIRS.

Quatre fols. PEAUX de loups-cerviers, non apprêtées, venant du Canada feulement, par arrêt du 13 janvier 1733, à toutes les entrées, la pièce.

Huit fols. PEAUX de loups-cerviers, non apprêtées, venant des pays étrangers, par le même arrêt, auffi à toutes les entrées, la pièce.

Dix-huit fols. PEAUX de loups-cerviers, apprêtées, venant des pays étrangers, fuivant le même arrêt, à toutes les entrées, la pièce.

> *Nota.* Par une difpofition de cet arrêt, Sa Majefté a déclaré qu'Elle n'entendoit rien innover à ce qui a été ordonné par l'arrêt du 6 feptembre 1701, concernant les pelleteries venant d'Angleterre & des pays en dépendans, qui continueront de payer cent livres du cent pefant; non plus qu'aux tarifs & règlemens concernant les peaux de loups-cerviers du Levant, qui acquitteront, outre les droits ordinaires, ceux de vingt pour cent.

Droit du tarif. PEAUX de lapins brutes, remifes au droit du tarif de 1671 à l'entrée, par arrêt du 12 avril 1750.

Et à la fortie, par arrêts des 21 mai 1746 & 2 feptembre 1747, le cent pefant. . . . . *Vingt livres.*

PEAUX de lièvres brutes, par arrêt du 4 juin 1748, le cent pefant. . . . . *Vingt livres.*

Dix livres. PEIGNES de bois & de buis, par arrêt du 3 juillet 1692, comme mercerie, le cent pefant.

Une livre. PEINTURES & Tableaux venant de la Flandre étrangère, foit pour le Pays conquis, foit pour les Cinq groffes fermes, par arrêt du 23 novembre 1688, la livre pefant.

> *Nota.* 1.° Ces peintures & tableaux ne peuvent entrer que par Lille & Valenciennes. *Voyez* l'état des Marchandifes dont l'entrée dans le Pays conquis eft fixée par certains bureaux.

> *Nota.* 2.° Les cadres & bordures ne doivent payer que comme mercerie, à dix livres du cent pefant, fuivant la décifion du 19 avril 1701.

Néant. PEINTURES & Tableaux de famille, par décifion du 22 janvier 1750 & autres antérieures.

Cent livres. PELLETERIES venant d'Angleterre & pays en dépendans, par arrêt du 6 feptembre 1701, le cent pefant.

PELUCHES. *Voyez* E'TOFFES.

Défendues. PENDULES d'Angleterre. *Voyez* l'état des Marchandifes défendues à l'entrée.

PENISTONS. *Voyez* E'TOFFES.

Néant. PERLES, Diamans & Pierreries fines, à toutes les entrées, par arrêt du 5 février 1678.

Et à la fortie, lorfque les pierreries ont été montées & mifes en œuvre dans le Royaume, fuivant les décifions du Confeil des 25 avril, 16 mai & 22 août 1750. . . . .   *Néant.*

> *Nota. Voyez* au furplus l'état des Marchandifes dont la fortie eft défendue.

PIERRES fauffes, comme mercerie, par arrêt du 3 juillet 1692, le cent pefant. . . . .   *Deux liv.*

PIASTRES, font regardées comme Marchandifes, & peuvent fortir hors du Royaume en payant les droits, suivant les décisions du Conseil des 5 février 1737 & 5 juillet 1742.

Pierres à fusil pour le commerce de Guinée, par les lettres patentes du mois de janvier 1716. . . . *Néant.*

Et pour l'étranger, *voyez* l'état des Marchandises défendues à la sortie. . . . . *Défendues.*

Pierres à bâtir, taillées ou brutes, à la sortie, suivant le tarif de 1671, quinze livres le bateau ordinaire. *Quinze liv.*

> *Nota.* La charge du bateau ordinaire est évaluée à trente chariots, ce qui fait dix sols par chariot.

Une livre. Pierre d'aimant, employée à la lettre *A* du tarif de 1671, le cent pesant. . . . . *Une livre.*

Une livre quatre sols. Pipes à tabac, même celles des fabriques de Hollande depuis l'arrêt du 31 décembre 1745, qui a révoqué les privilèges des Hollandois, la grosse de douze douzaines, à toutes les entrées, par arrêt du 3 juillet 1692.

> *Nota.* 1.° Suivant l'arrêt du 12 janvier 1751, les pipes qui proviennent de la fabrique que le sieur de la Ruelle a établie dans la basse ville de Dunkerque en vertu de cet arrêt, doivent jouir pendant dix années de l'exemption de tous droits de sortie, lorsqu'elles passent à l'étranger ou dans les provinces réputées étrangères; & ne payer que cinq sols par chaque grosse à leur entrée dans les Cinq grosses fermes, lorsqu'elles sont expédiées pour cette destination.
>
> *Nota.* 2.° On les envoye dans les différentes provinces du Royaume, ou par mer ou par terre. Au premier cas, elles doivent être expédiées par acquit à caution; & les ballots qui les contiennent, préalablement plombés au bureau de la basse ville de Dunkerque: au second cas, il suffit qu'elles soient accompagnées d'un certificat des Commis de ce bureau, & revêtues de la marque distinctive de leur fabrique, pour justifier qu'elles en proviennent.

Pirette. ⎫
Pistaches. ⎭ *Voyez* l'état des Marchandises du Levant.

Néant. Plants de mûriers & de toute autre espèce, par décision du 3 février 1752, à toutes les entrées.

Deux liv. Plomb non ouvré ni laminé, autre que d'Angleterre, par arrêts des 25 novembre 1687, 29 avril 1704, 27 août 1720, 23 janvier & 5 juin 1725, à toutes les entrées, le cent pesant.

> *Nota.* L'origine en doit être justifiée conformément à l'arrêt du 3 mars 1722.

Trois livres. Plomb d'Angleterre, non ouvré ni laminé, par arrêt du 20 mai 1738, à toutes les entrées, le cent pesant.

Défendu. Plomb ouvré ou laminé du même pays. *Voyez* l'état des Marchandises défendues à l'entrée.

> *Nota.* Le plomb ouvré ou laminé qui vient des autres pays étrangers, n'est pas compris dans la défense, suivant les décisions du Conseil des 12 janvier 1739 & 12 juin 1741.

Deux sols. Plomb des mines de Pontpean & de celles de basse Bretagne, destiné, soit pour le Pays conquis, soit pour les Cinq grosses fermes, par arrêts des 23 août 1735 & 19 février 1744, ne doit que deux sols du cent pesant, pourvû que les formalités prescrites par ces arrêts aient été remplies.

> *Nota.* L'alquifou, la litarge, le minium & la céruse jouissent de la même modération.

Dix livres. Plumes à écrire apprêtées, autres que celles des villes anséatiques, comme mercerie, par arrêts des 3 juillet 1692 & 19 avril 1707, à toutes les entrées, le cent pesant.

> *Nota.* Celles de Hollande sont sujettes au même droit depuis l'arrêt du 31 décembre 1745, qui a révoqué les privilèges des Hollandois.

Y iij

Quatre liv. PLUMES à écrire apprêtées, venant des villes anféatiques, par le traité du 28 feptembre 1716, à toutes
les entrées, le cent pefant.

> *Nota. Voyez* Marchandifes des villes anféatiques.

Une livre. PLUMES à écrire non apprêtées, par l'arrêt du 19
avril 1707, à toutes les entrées, le cent pefant.

PLUMES d'autruche. *Voyez* l'état des Marchandifes
du Levant.

Néant. POILS de chameau, de chevreau & de chèvre, filés
& non filés, à toutes les entrées, fuivant l'arrêt du
12 novembre 1749.

> *Nota.* Lorfqu'ils viennent du Levant, ils jouiffent
> de cette exemption ; mais le droit de vingt pour cent
> en eft dû, fuivant l'arrêt du 22 décembre 1750.
> *Voyez* l'état des Marchandifes du Levant.

POIL de chèvre non filé, à la fortie, par le même
arrêt du 12 novembre 1749, le cent pefant. . . *Quatre-vingt-dix*
livres.

Dix livres. POIL de fanglier ou foie de porc, autre que des
villes anféatiques, comme mercerie, par arrêt du
3 juillet 1692, à toutes les entrées, le cent pefant.

> *Nota.* Celui de Hollande eft fujet au même droit,
> depuis l'arrêt du 31 décembre 1745, qui a révoqué les
> privilèges des Hollandois.

Quatre livres. POIL de fanglier ou foie de porc venant des villes
anféatiques, par le traité du 28 feptembre 1716,
à toutes les entrées, le cent pefant.

> *Nota. Voyez* Marchandifes des villes anféatiques.

Deux livres. POIL de vache ou Ploc venant d'Angleterre, par
arrêt du 6 feptembre 1701, le cent pefant.

Cinq pour cent. POIL de lapin féparé de la peau, remis au droit du
tarif de 1671 à l'entrée, par arrêt du 12 avril
1750, & doit cinq pour cent de la valeur, comme
Marchandife omife en ce tarif.

Et à la fortie , par arrêts des 10 juin & 2 feptembre 1747, le cent pefant. . . . . *Cent livres.*

POIL de lièvre féparé de la peau , par arrêt du 4 juin 1748, le cent pefant. . . . . *Cent livres.*

POIL de caftor. *Voyez* CASTOR.

Défendus. POINTS de Venife. *Voyez* l'état des Marchandifes défendues à l'entrée.

POISSON frais, provenant de la pêche de Dunkerque. *Voyez* Marchandifes fujettes au droit de *tranfit.*

POISSON d'eau douce. *Voyez* Marchandifes envoyées à Dunkerque.

Défendus. POIVRE & Maniquette en poudre. *Voyez* l'état des Marchandifes défendues à l'entrée.

POIX réfine ; la fortie en avoit été défendue par arrêt du 20 novembre 1714, mais elle a été permife par celui du 17 décembre 1715, en payant le droit du tarif de 1671. *Droit du tarif.*

PORCELAINE provenant des ventes de la Compagnie des Indes. *Voyez* le chapitre des Marchandifes de cette Compagnie.

Défendue. PORCELAINE des manufactures établies dans les Etats ou Souverainetés qui font enclavés dans le Royaume , ou limitrophes , ne peut être introduite en France. *Voyez* l'état des Marchandifes dont l'entrée eft défendue.

PORCELAINE de la manufacture royale établie à Vincennes. Les pièces de porcelaine, ainfi que les fleurs non montées ni enrichies de garnitures, provenant de la manufacture dont il s'agit, font exemptes de tous droits , lorfqu'elles font deftinées pour l'étranger ou pour les villes de Marfeille , Bayonne & Dunkerque ; mais pour jouir de cette exemption , il faut 1.º qu'elles foient préfentées au bureau de la douane de Paris. 2.º En ce qui concerne les pièces de porcelaine, qu'elles y foient reconnues par leur marque diftinctive, qui confifte en une double *L* entrelaffée en forme de chiffre. 3.º A l'égard des fleurs fur lefquelles la double *L* ne peut être marquée, qu'on y ait fuppléé par un état détaillé, certifié du Directeur de la manufacture, & vifé de deux intéreffés en cette manufacture. 4.º Que les caiffes qui renferment les pièces de porcelaine & les fleurs, foient plombées & expédiées par acquit à caution, pour fortir du Royaume par les bureaux défignés dans les arrêts cités page 74 de cette inftruction, le tout fuivant l'arrêt du 19 août 1753, articles X & XII. . . . .   *Néant.*

Nota. 1.º Les fleurs montées & enrichies d'ornemens ou garnitures, deftinées pour l'étranger, ne doivent pour tous droits généralement quelconques, que deux & demi pour cent de la valeur; ce droit fe paye à la douane de Paris, où les caiffes font plombées & expédiées par fimple acquit de payement, conformément à l'article XII de l'arrêt du 19 août 1753.

Nota. 2.º Les pièces de porcelaine & fleurs non montées ni enrichies de garnitures, deftinées pour telle province du Royaume réputée étrangère que ce foit, ne payent à la douane de Paris que dix livres par quintal brut, à quoi les droits du tarif de 1664, & tous ceux qui pourroient être dûs fur la route & à la deftination, fe trouvent réduits par l'article XI de l'arrêt ci-deffus cité.

Nota. 3.º Suivant l'article XIII de cet arrêt, les pièces de porcelaine & fleurs montées & enrichies de garnitures, deftinées pour telle province du Royaume réputée étrangère que ce foit, ne doivent pareillement pour tous droits, que deux & demi pour cent de la valeur; ce droit s'acquitte auffi à la douane de Paris.

Nota. 4.º Mais il eft à remarquer que fi la deftination pour une province réputée étrangère étant une

fois·

PORCELAINE, *supprimez ces mots*, & Fayence, *&
leur substituez ce qui suit,* venant des pays étrangers,
autres que ceux dont on a ci-devant parlé.

fois confommée, les pièces de porcelaine & fleurs paf-
foient dans d'autres provinces, ou à l'étranger, elles
feroient dans ce cas affujéties à tous les droits qui
pourroient fe trouver dûs fur la route & à la fortie, la
difpofition des articles XI & XIII du même arrêt y
eft précife.

PORCELAINE & Fayence. *Voyez* FAYENCE.

Deux livres dix   POTERIES de grès, à toutes les entrées, par arrêt
fols.   du 22 feptembre 1714, le cent pefant.

> *Nota. Voyez* l'obfervation fur le mot *Fayence ; voyez*
> auffi *Marchandife d'Angleterre.*

Néant.   POUDRE à feu, & Salpêtre, enfemble les matières
& uftenfiles fervant à leur confection, font exempts
des droits d'entrée, par arrêt du 6 août 1720, &
autres antérieurs.

> *Nota.* 1.º Ces poudre, falpêtre, matières & uften-
> files, doivent être faifis & arrêtés dans tous les bureaux,
> s'ils ne font accompagnés d'un certificat du Commif-
> faire général des poudres.

> *Nota.* 2.º *Voyez* l'état des Marchandifes dont la
> fortie eft défendue.

Q

Défendu.   QUINA faux, faux Quinquina ou Quinquina femelle.
Voyez l'état des Marchandifes défendues à l'entrée.

Défendue.   QUINCAILLERIE d'Angleterre. *Voyez* l'état des
Marchandifes défendues à l'entrée ; *voyez* auffi l'obfervation fur le mot *Mercerie.*

Six livres.   QUINCAILLERIE de cuivre, autre que d'Angleterre, par arrêt du 3 juillet 1692, à toutes les
entrées, le cent pefant.

QUINCAILLERIE de fer & acier, groffe & menue,
autre que d'Angleterre, & dont l'état fuit.

Z

SAVOIR;

Agraffes.

Anneaux pour rideaux.

Armes à feu.

Bandages de roues.

Bêches.

Briquets sur lesquels la lime n'a point passé. *Voyez* leur article dans l'ordre alphabétique de cette instruction.

Breches à rôtir & à cordonnier.

Chaînes.

Chandeliers.

Chaufferettes.

Chenêts.

Chevilles moyennes & petites.

Ciseaux gros.

Clous moyens & petits.

Compas.

Couvercles.

Ecumoires.

Eguilles à tricoter.

Epines à cordonnier.

Etrilles.

Faux, faucilles & volans.

Fers à cheval.

Fers à fermer sacs.

Fers à piquets.

Fers à friser.

Fers à repasser linge. } *Voyez* leur article dans l'ordre alphabétique de cette instruction.

Fers de robinets.

Fers de villebrequins.

Fiches de fer.

Forces à tondre. { *Nota.* Ce sont celles extrêmement grossières & pesantes dont il est ici question.

Fourchettes de fer. *Voyez* leur article dans l'ordre alphabétique de cette instruction.

Grils.

Lampes.

Léchefrites.

Limes en pail.

Liures de chaudrons.

Marteaux ordinaires.

Mors à brides.

Mouchettes.

Pelles.

Pentures.

Pincettes.

Pioches.

Poëles à frire.

Réchauds.

Scies.

Serpes.

Serrures.

Targettes.

Tenailles.

Tourne-broches.

Trompes ou *Guimbardes. Voyez* leur article dans l'ordre alphabétique de cette instruction.

Truelles.

Verges de vitres.

Verroux.

Vrilles non montées. *Voyez* leur article dans l'ordre alphabétique de cette instruction.

Trois livres. Et autres semblables ouvrages de fer & acier, par arrêts des 3 juillet 1692 & 10 avril 1702, le cent pesant.

Nota. Voyez les obfervations à l'article des *Fers* &
à celui de la *Mercerie.*

R

R A I S I N S. *Voyez* l'état des Marchandifes du Levant.

R A F I N E R I E S. *Voyez* S E L & S U C R E.

R A P É S & Marcs de vin. *Voyez* l'état des Marchandifes défendues à la fortie. . . . . *Défendus.*

R A T I N E S. *Voyez* E'T O F F E S.

R É S I N E. *Voyez* P O I X réfine.

Défendu.   R H A P O N T I C. *Voyez* l'état des Marchandifes défendues à l'entrée.

R H U B A R B E. *Voyez* l'état des Marchandifes du
Levant.

Défendu.   R I S de la Caroline. *Voyez* l'état des Marchandifes
défendues à l'entrée.

R I S du Levant. *Voyez* l'état des Marchandifes du
Levant.

Deux livres dix   R O C O U des ifles françoifes de l'amérique, par l'article
fols.   X I X des lettres patentes de 1717, indépendam-
ment du droit du domaine d'Occident, le cent
pefant.

R O G N U R E S de cuivre. *Voyez* C U I V R E vieux.

R O G N U R E S de parchemin. *Voyez* L I N G E vieux.

R O G N U R E S de peaux, à la fortie, par arrêt du 22
décembre 1750, le cent pefant. . . . . *Six livres.*

Nota. Ce droit ne doit être perçû que lorfque les
rognures de peaux fortent feules ; car fi elles fe trouvoient mêlées avec de vieux linges, drilles & autres
matières fervant à la fabrication du papier, elles feroient
dans le cas de payer le droit de trente livres du cent

pefant, réglé par l'arrêt du 8 mars 1733, cité à l'article du *Linge vieux*, fuivant la décifion du 26 février 1751.

Ro ts de canne. *Voyez* l'article des *Cardes* dans l'état des Marchandifes défendues à la fortie. . . . . . *Défendus.*

Vingt livres. R u b a n s de fil, autres que ceux des fabriques du duché de Berg & d'Angleterre, par arrêt du 3 juillet 1692, à toutes les entrées, le cent pefant.

> *Nota.* Les rubans de fil provenant des fabriques de Hollande font fujets à ce droit depuis l'arrêt du 31 décembre 1745, qui a révoqué les priviléges des Hollandois.

Dix livres. R u b a n s de fil venant en droiture du duché de Berg, par arrêt du 29 février 1720, à toutes les entrées, le cent pefant.

Dix livres. R u b a n s de laine, cordons & treffes de laine, comme mercerie, par arrêt du 3 juillet 1692, le cent pefant.

Défendus. R u b a n s de foie, fil ou laine d'Angleterre.

R u b a n s propres à compofer des boutons.

} *Voyez* l'état des Marchandifes défendues à l'entrée.

S

S a c s vuides. Suivant l'arrêt du 8 février 1752, ils font réputés Marchandifes, & conféquemment ils doivent les droits tant à l'entrée qu'à la fortie.

S a f r a n u m. *Voyez* l'état des Marchandifes du Levant.

Défendu. S a l i c o r. *Voyez* l'état des Marchandifes défendues à l'entrée.

S a l p é t r e. *Voyez Poudre* à feu, & l'état des Marchandifes défendues à la fortie.

S a n g l e s communes. *Voyez* M e r c e r i e.

SANGLES ou ceintures piquées d'or & d'argent fin,
doivent payer fuivant le tarif de 1671.

Défendues. SARDINES de pêche étrangère. *Voyez* l'état des
Marchandifes défendues à l'entrée.

Sept livres. SAVON en pain & en table, de toute forte & de tout
pays, autre que d'Angleterre, par le tarif de 1667
& par arrêt du 5 février 1718, à toutes les entrées,
le cent pefant.

Cinq livres. SAVON noir, verd, mol & liquide, autre que d'Angleterre, par le tarif de 1667 & par l'arrêt du 5 février
1718, à toutes les entrées, le cent pefant.

> *Nota.* 1.° Ces droits font dûs indépendamment de
> celui de la ferme des huiles & favons.
>
> *Nota.* 2.° Le droit de cinq livres a lieu pour le
> favon des fabriques de Hollande, depuis l'arrêt du
> 31 décembre 1745, qui a révoqué les privilèges des
> Hollandois.
>
> *Nota.* 3.° Le favon venant d'Angleterre, ne peut
> entrer dans le Royaume. *Voyez* l'état des Marchandifes
> défendues.
>
> *Nota.* 4.° Lorfqu'il y avoit une fabrique de favons
> à Dunkerque, ceux qui en provenoient, & qui étoient
> accompagnés d'un certificat des Officiers de la Chambre
> de Commerce de cette ville, ne devoient point les
> droits impofés fur les favons de fabrique étrangère,
> mais feulement ceux du tarif de 1671, conformément
> à la décifion du 19 février 1733, relative à l'arrêt du
> 20 juillet 1700.
>
> *Nota.* 5.° Les favons du crû & fabrique de Mar-
> feille, venant directement dans le lieu de leur defti-
> nation, ou apportés fur les bâtimens qui, pendant
> leur route, ont relâché dans quelques-uns des ports
> d'Efpagne, ne font point regardés comme favons
> étrangers, fi les pièces requifes par l'arrêt du 16 février
> 1734, font repréfentées.

Quinze livres. SAUMON falé, autre que d'Irlande & d'Écoffe, à
toutes les entrées, par arrêt du 4 octobre 1691,

& par arrêt & Lettres patentes des 7 & 14 janvier 1727, les six hambourgs ou huit barrils, du poids ordinaire de trois cens soixante - quinze livres par barril, ou environ.

Quarante livres. SAUMON salé d'Irlande & d'E'cosse, à toutes les entrées, par arrêt du 6 septembre 1701, les six hambourgs ou huit barrils.

> *Nota.* 1.º Les saumons enfumés, étant aussi salés, doivent les droits ci-dessus, suivant la décision du 6 décembre 1724.

> *Nota.* 2.º Lorsque le saumon salé est destiné pour les colonies françoises de l'Amérique, il est exempt des droits. *Voyez* Marchandises destinées pour les isles.

SCAMMONÉE.
SEBESTE. } *Voyez* l'état des Marchandises du Levant.
SEL ammoniac.

Une livre cinq sols. SEL de France venant des ports du Royaume pour le Pays conquis, par arrêt du 16 juin 1722, la rasière pesant deux cens cinquante livres, poids de marc.

> *Nota.* 1.º Il ne peut entrer que par le port de Dunkerque, suivant les arrêts des 6 décembre 1681 & 23 mars 1720, & par le port de Gravelines, suivant les arrêts des premier janvier & 12 mars 1743, en remplissant les formalités prescrites, tant par les arrêts de 1720 & de 1722, que par l'arrêt & les lettres patentes du 22 février 1729, qui règlent ce qui doit être observé par ceux qui vont chercher des sels dans l'étendue du gouvernement de Brouage, isles de Ré & d'Oleron, & dans les ports du Poitou, d'Aunis & de Bretagne.

> *Nota.* 2.º L'usage du sel gris est défendu dans le pays conquis. *Voyez* l'arrêt du 23 mars 1720, & il n'est permis d'y en faire amas, commerce ou transport, que dans le cas, & sous les conditions expliquées par cet arrêt, & par celui du 16 juin 1722.

Nota. 3.° Suivant l'arrêt du 23 mars 1720, Honf-cotte, Bailleul, Armentières & Saint-Amand, sont les seules villes ouvertes où il y ait & puisse y avoir des rafineries de sel ; les repréfentations que l'on feroit pour en établir dans toute autre ville ouverte, feroient auffi inutiles que l'ont été celles du fieur Rouffel, qui, par décifion du Confeil du 9 janvier 1745, fut débouté de fa demande, dont l'objet étoit d'établir une rafinerie de fel à Turcoin.

Nota. 4.° Le même arrêt défend tout amas de fel blanc dans les trois lieues limitrophes du pays de gabelles, & règle la confommation de ceux qui font domiciliés dans cette étendue : difpofition qui a été confirmée par la déclaration du Roi du 9 avril 1743.

C'eft en conformité de ces règlemens, que par ordonnance contradictoire de M. l'Intendant du Hay-nault du 27 août 1745, le fieur Claude Mailliet, Rafineur à Avefnes, a été débouté de fa demande, tendante à ce qu'il lui fût délivré des paffavans par le Receveur des traites de la même ville, pour envoyer débiter fes fels dans les villages de Fourmies, Barfies, Floyon, la Rouillie & Wignehies.

Nota. 5.° Tout fel étranger, ou fel de France, venant par la voie du pays étranger, eft févérement défendu. *Voyez* l'état des Marchandifes défendues à l'entrée.

Trente livres. Sel-gemme, par arrêt du 13 octobre 1711, le cent pefant.

    Nota. Il ne peut entrer dans le pays conquis, que par Dunkerque, comme droguerie, & l'on ne doit point en expédier pour l'ancienne France, où l'entrée en eft fixée par les Bureaux de Rouen, Saint-Vallery & Ingrande, fuivant le même arrêt.

Trente livres. Sel d'Epfum, par arrêt du 30 mars 1719, le cent pefant.

    Nota. L'obfervation faite à l'article précédent, eft commune à celui-ci.

Cinq pour cent. Sel nitre, peut entrer par Dunkerque, comme le fel gemme & le fel d'Epfum, ainfi qu'il réfulte de la décifion du Confeil du 30 mars 1748, étant également utile pour la compofition des remèdes ; en percevoir le droit à raifon de cinq pour cent de la valeur, comme Marchandife omife au tarif de 1671, & ne le point expédier pour l'ancienne France, relativement à l'obfervation faite fur le fel gemme.

Cinq pour cent. SEL de verre venant d'Angleterre, ayant été permis à l'entrée du Royaume par arrêt du 31 janvier 1741, doit cinq pour cent de la valeur, comme Marchandife omife au tarif de 1671, lorfqu'il eft deftiné pour le pays conquis.

SEMEN cartami.

SEMENCE de Ben.

SEMENCINE.   } *Voyez* l'état des Marchandifes du Levant.

SÉNÉ.

SERGES. *Voyez* ÉTOFFES.

Défendues. SERGES peintes en fleurs ou imprimées. *Voyez* l'état des Marchandifes défendues à l'entrée.

SIROPS. *Voyez* ci-après SYROPS.

SOIES, ne peuvent entrer dans le Royaume que par Marfeille & le pont de Beauvoifin, à peine de confifcation, tant des foies que des équipages, & de trois mille livres d'amende, fuivant l'arrêt du 26 juillet 1687, celui du 12 feptembre 1717, & l'édit du mois de janvier 1722 ; ainfi elles ne peuvent être reçûes dans aucun bureau d'entrée de Flandre ou du Haynault.

> *Nota.* Plufieurs négocians de la Flandre françoife, abufant de la faveur accordée aux matières premières deftinées pour les manufactures du Pays conquis, faifoient venir, en exemption de droits, les foies crûes qu'ils tiroient de l'étranger par Marfeille ; & ils les
>
> faifoient

faifoient enfuite paffer de la Flandre françoife dans les
villes d'une domination étrangère, en payant feulement les droits de fortie du tarif de 1671 : mais pour
remédier à cet abus, il fut ordonné par arrêt du 24
août 1717 , que les foies dont il s'agit payeroient à
l'avenir dans les bureaux de fortie de la Flandre,
tous les droits qu'elles auroient naturellement acquittés à l'entrée du Royaume & fur la route, fi on ne
les eût pas deftinées pour les manufactures du Pays
conquis.

SOIES graizes originaires
   du Royaume.   } *Voyez* l'état des Marchandifes   *Défendues.*
                          défendues à la fortie.
SOIES teintes.

SOIES de porc. *Voyez* POIL de fanglier.

SON de farine fervant à faire de l'amidon, par arrêt
   du 16 juillet 1730, la rafière pefant foixante-deux
   livres poids de marc . . . . *Une liv. cinq fols.*

      Nota. Par décifion du Confeil du 30 mai 1751,
      les Boulangers de la ville de Valenciennes ont été
      déboutés de leur demande, qui tendoit à ce que cet
      arrêt ne fût pas exécuté à la fortie du Haynault.

Cinq pour cent, SORBEC, outre le droit d'entrée ordinaire de cinq
& vingt fols de   pour cent de la valeur, comme Marchandife omife
la livre.   au tarif de 1671, doit vingt fols pour chaque livre
   pefant, fuivant l'arrêt du 12 mai 1693.

SPALME. *Voyez* BRAY fec.

SPICA NARDI.   }
SQUINE.
STINX marin.   } *Voyez* l'état des Marchandifes du Levant.
STORAX.

Vingt-deux livres SUCRE rafiné en pain ou en poudre, candi, blanc
dix fols.   & brun, venant de l'étranger, par le tarif de 1667

& les arrêts des 15 janvier 1671, 25 avril & 13 juin 1690, à toutes les entrées, le cent pefant.

Quinze livres. S U C R E en caffonade blanche ou grife, fine ou moyenne, venant de l'étranger, par les mêmes règlemens, à toutes les entrées, le cent pefant.

Sept liv. dix fols. S U C R E mofcouade, ou fucre brut, venant de l'étranger, par les mêmes règlemens, à toutes les entrées, le cent pefant.

> *Nota.* 1.º Le droit de fept livres dix fols, impofé fur les fucres bruts, doit être perçû fans diftinction de fucres du Brefil ou de Saint-Thomé, conformément aux décifions des 6 & 30 mars 1747, jufqu'à ce qu'il en ait été autrement ordonné.

> *Nota.* 2.º Les fucres étrangers ne peuvent entrer que par Dunkerque, comme épiceries, les règlemens qui les ont affujétis à des droits uniformes à toutes les entrées, n'ayant entendu que les entrées défignées pour les drogueries & épiceries.

> *Nota.* 3.º Les fucres provenant des rafineries de France, & deftinés pour la confommation du Pays conquis, paffant par Dunkerque, ne doivent que les droits du tarif de 1671, fuivant la déclaration du Roi du 4 mars 1727, en juftifiant leur origine, relativement à l'arrêt du 13 octobre 1722.

S U C R E candi provenant des ventes de la Compagnie des Indes. *Voyez* le chapitre des Marchandifes de cette Compagnie.

S U C R E S des Ifles françoifes de l'Amérique, doivent les droits ci-après expliqués.

S A V O I R ;

Vingt-deux livres dix fols. S U C R E S rafinés, le cent pefant, vingt-deux livres dix fols; dont vingt livres dix fols aux Cinq groffes fermes, & deux livres au domaine d'Occident, fuivant l'arrêt du 20 juin 1698, l'article XXIII des lettres patentes de 1717 & l'article D X L I I du bail de Forceville.

Huit livres. SUCRES terrés ou caſſonades, le cent peſant, huit livres ; dont ſix livres aux Cinq groſſes fermes, & deux livres au domaine d'Occident, ſuivant l'article XIX des lettres patentes de 1717.

Deux livres dix ſols. SUCRES bruts ou moſcouades, le cent peſant, deux livres dix ſols; dont ſeize ſols huit deniers aux Cinq groſſes fermes, & une livre treize ſols quatre deniers au domaine d'Occident, ſuivant le même article XIX des lettres patentes de 1717.

Quatre liv. SUCRES blancs & non rafinés de la Colonie de Cayenne, quatre livres du cent peſant, conformément à l'article XXII des lettres patentes de 1717.

> *Nota.* 1.º Tels ſont les droits d'entrée ſur les ſucres des colonies françoiſes, lorſqu'on les deſtine pour la conſommation du Royaume, & il n'eſt dû que la moitié de ces droits, s'ils proviennent de la traite des Nègres, conformément aux règlemens cités *page 119.*

> *Nota.* 2.º Le ſucre de tête doit le droit d'entrée comme ſucre terré, & non comme ſucre brut, ſuivant la déciſion du 19 juin 1749.

> *Nota.* 3.º Les ſucres qui pendant l'année d'entrepôt accordée aux Marchandiſes des iſles, paſſent à l'étranger, ſont exempts des droits d'entrée & de ſortie, ainſi qu'on l'a expliqué, *page 113;* à l'exception néanmoins du droit de quarante ſols, revenant au domaine d'Occident ſur les ſucres rafinés aux iſles, ce droit étant dû indiſtinctement lorſqu'ils ſont deſtinés pour la conſommation du Royaume, ou pour les pays étrangers, ou pour les provinces réputées étrangères, ſuivant l'article D X L I I du bail de Forceville.

> *Nota.* 4.º Les ſucres bruts qui ſont deſtinés pour les rafineries établies dans la haute ville de Dunkerque, ſont réputés paſſer à l'étranger, au moyen de quoi ils jouiſſent, en conſéquence de l'article XV des lettres patentes de 1717, de l'exemption des droits fixés par

l'article XIX, & refpectivement lorfque les fucres rafinés dans ces rafineries entrent dans le pays conquis, ils font réputés venir de l'étranger, & comme tels, ils font affujétis au droit de vingt-deux livres dix fols du cent pefant : le tout conformément à l'arrêt du 11 feptembre 1753.

Nota. 5.° Le droit de trois & demi pour cent du domaine d'Occident, eft dû, indépendamment des droits ci-deffus expliqués, fur tous les fucres des ifles ou de la traite des Nègres, quelque deftination qu'on leur donne. *Voyez* le chapitre des Marchandifes des ifles, *page 112 & fuivante.*

Cinq pour cent. SUCRE vergeois ou écume de fucre, doit cinq pour cent de la valeur, comme Marchandife omife au tarif de 1671, fuivant la décifion du 6 feptembre 1742.

SUCRE d'Alexandrie. *Voyez* l'état des Marchandifes du Levant.

Une liv. dix fols. SUIFS de toutes fortes, venant d'Angleterre, E'coffe, Irlande & pays en dépendans, fur des vaiffeaux Anglois, par arrêt du 6 feptembre 1701 & ordre du Confeil du 26 août 1714, le cent pefant.

Nota. Les fuifs qui viennent de l'étranger, & qui font deftinés pour les colonies françoifes de l'Amérique, font exempts de droits. *Voyez* Marchandifes deftinées pour les ifles. *Voyez auffi* Marchandifes deftinées pour la Louifiane.

Néant. SYROPS *ou* Mélaffes, provenant des rafineries du Royaume, autres que de Bretagne, par déclaration du Roi du 4 mars 1727, ne doivent rien à l'entrée, même par Dunkerque.

Dix fols. SYROPS *ou* Mélaffes, provenant des rafineries de Bretagne, par la même déclaration, à l'entrée, le cent pefant.

SYROPS *ou* Mélaffes, à la fortie, par arrêts des 12 août 1671 & 14 décembre 1717. . . . .   *Néant.*

T

Trente fols. T A B A C, à l'entrée ; tous les tabacs étrangers doivent trente fols par livre de feize onces, conformément à la déclaration du Roi du 4 mai 1749, article I.ᵉʳ

Nota 1.° Ils ne peuvent entrer que par les Bureaux de Dunkerque, Wervick & Comines. *Voyez* l'état des Marchandifes dont l'entrée dans le Pays conquis eft fixée par certains Bureaux.

Nota. 2.° Les côtes de tabac doivent le même droit, & ne peuvent être introduites que par les trois Bureaux ci-deſſus défignés, fuivant la décifion du 22 août 1749.

Nota. 3.° On ne doit pas percevoir les quatre fols pour livre de ce droit de trente fols. *Voyez* le chapitre des marchandifes fujettes aux quatre fols pour livre.

Nota. 4.° La connoiffance des contraventions concernant l'entrée du tabac étranger, a été attribuée à Meſſieurs les Intendans de Flandre & du Haynault, par deux arrêts du 17 juin 1749.

Suivant l'article I I I de la déclaration du 4 mai de la même année, les arrêts que l'on vient de citer, & les décifions du Confeil des 4 feptembre 1750, 17 janvier & 21 juin 1751, les contrevenans encourent les peines portées par les règlemens rendus fur le fait de l'introduction du faux tabac dans l'étendue de la ferme où le privilège de la vente exclufive du tabac a lieu.

Nota. 5.° Les tabacs & côtes de tabac qui s'expédient au bureau de Dunkerque pour l'étranger, ou qui paffent de l'étranger à l'étranger fur la rivière de Lys, ne jouiffent point de la faveur du *tranfit*, le droit d'entrée de trente fols par livre, & celui de fortie du tarif de 1671 en font dûs. *Voyez* Marchandifes fujettes aux droits de *tranfit*.

Nota. 6.° Les tabacs étant implicitement compris dans l'article V I I I de l'arrêt du premier mars 1712, il faut, en les expédiant, remplir ce qui eft prefcrit par cet article, fuivant la décifion du 24 feptembre 1751.

Nota. 7.º Les tabacs du crû de la Louifiane en feuilles liées en manoques, font les feuls qui puiffent être tranfportés en France; ceux fabriqués en cordes, en rôles, en carottes, en poudre ou autrement, y font défendus, à peine de confifcation & de mille livres d'amende, conformément à l'arrêt du 13 octobre 1750, article I.ᵉʳ

Suivant l'article II, on ne peut, fous les mêmes peines, introduire ces tabacs en feuilles, que par les ports défignés pour l'entrée des Marchandifes venant des Ifles françoifes de l'Amérique, du nombre defquels eft celui de Dunkerque.

Si à leur arrivée, ils paffent dans le Pays conquis, l'article V veut qu'ils foient réputés étrangers, & comme tels, qu'ils acquittent au bureau de la baffe ville de Dunkerque le droit de trente fols par livre.

Mais, aux termes de l'article VI, ils peuvent être entrepofés fous la clef du Fermier, à la charge qu'ils feront vendus à l'Adjudicataire de la Ferme générale du tabac, ou renvoyés à l'étranger dans l'efpace d'une année, à compter du jour de leur arrivée à Dunkerque, faute de quoi ils demeurent affujétis au payement du droit de trente fols par livre.

L'article VIII du même arrêt fixe à trente livres du cent pefant net, le prix des tabacs en feuilles livrés au fermier.

L'article X porte qu'indépendamment de la déduction ordinaire de la tare des emballages, les propriétaires des tabacs, leurs facteurs ou commiffionnaires, feront tenus d'accorder au fermier, fuivant l'ufage, un bénéfice de quatre pour cent.

Nota. 8.º Il ne doit être expédié aucun tabac pour l'ancienne France, où toute forte de tabac eft défendu, s'il n'eft pris dans les bureaux du fermier.

Nota. 9.º On ne doit pas même en expédier pour la deftination des villages & hameaux d'Artois, Cambrefis & Haynault, fitués dans les trois lieues limitrophes de l'ancienne France; les entrepôts & amas de tabac y étant défendus par les déclarations du Roi des premier août 1721 & 9 avril 1743.

Nota. 10.° Il ne faut pas non plus en expédier pour les villes, bourgs & villages de la province du Haynault, où la vente exclufive du tabac a lieu.

TABAC, à la fortie, foit en rôle ou en poudre, même en carottes, du crû du pays, fuivant le tarif de 1671 & la décifion du 3 août 1747. . . . . .   *Néant.*

Nota. Pour affurer la fortie des tabacs hors du Royaume, il faut fe conformer à ce qui eft prefcrit par l'ordre du 24 février 1743.

TABLEAUX. *Voyez* PEINTURES.

TAFFIAS *ou* Guildives. *Voyez* EAU DE VIE dans l'ordre alphabétique de cette inftruction.

TAILLANDERIE, ou fer ouvré en gros ouvrages, comme

Ancres de mer.	*Gros Clous* d'un quart pefant & au deffus.
Coins.	*Groffes Chevilles* du même poids.
Enclumes.	*Haches.*
Effieux.	*Socs* de charues.
Gros Marteaux.	

Une liv. dix fols. Et autres femblables ouvrages & gros inftrumens de fer, par arrêt du 10 avril 1702, le cent pefant.

Nota. Voyez les obfervations à l'article des *Fers.*

Six livres. TALONS de cuir d'Angleterre, par arrêt du 6 feptembre 1791, le cent pefant.

Vingt pour cent. TALONS de cuir, autres que d'Angleterre, comme cuirs tannés, par arrêts des 7 feptembre 1688, premier février & 10 mai 1689, vingt pour cent de la valeur.

TAMARINS. *Voyez* l'état des Marchandifes du Levant.

Cinquante pour cent. TAPIS d'Angleterre, par arrêt du 6 feptembre 1701, cinquante pour cent de la valeur.

TAPIS velus de Turquie & de Perfe. *Voyez* l'état des Marchandifes du Levant.

Sept livres. TAPIS velus, autres que ceux de Turquie, de Perfe & d'Angleterre, de la grandeur ordinaire, par le tarif de 1667, à toutes les entrées, la pièce.

Et les plus grands à proportion, à raifon de dix pour cent de la valeur.

Trois livres. TAPIS d'Allemagne & Tapis quarrés de laine, par le tarif de 1667, à toutes les entrées, la pièce, l'un portant l'autre.

TAPIS ou Moucades fimples, qui, par arrêts des 20 décembre 1687 & 3 juillet 1692, font impofés à trente pour cent de la valeur, ne peuvent entrer que par Calais & Saint-Valery, fuivant les mêmes règlemens.

> *Nota.* Les moucades d'Angleterre & des pays en dépendans font nommément défendues à l'entrée, par l'arrêt du 6 feptembre 1701.

Cinquante pour cent. TAPISSERIES d'Angleterre & pays en dépendans, par arrêt du 12 janvier 1723, cinquante pour cent de la valeur.

Droits du tarif. TAPISSERIES de la Flandre étrangère, deftinées pour le Pays conquis, ne font fujettes qu'aux droits du tarif de 1671, fuivant l'arrêt du 2 novembre 1700, l'ordre du Confeil du 23 janvier 1701, & les décifions des 19 feptembre 1743 & 8 octobre 1744.

> *Nota.* Lorfqu'elles font deftinées pour l'ancienne France, elles doivent être expédiées par acquit à caution, pour payer au premier bureau d'entrée les droits de l'arrêt du 21 août 1691, qui eft particulier aux Cinq groffes fermes.

TAPISSERIES du Royaume, deftinées pour l'étranger, en rempliffant les formalités prefcrites par les règlemens

règlemens cités dans le chapitre des Marchandises du Royaume qui peuvent passer à l'étranger en exemption de droits. . . . . *Néant.*

TAPISSERIES de cuir doré. *Voyez* CUIRS dorés.

TÉRÉBENTHINE; la sortie en avoit été défendue par arrêt du 20 novembre 1714, mais elle a été permise par autre arrêt du 17 décembre 1715, en payant le droit du tarif de 1671. . . . . *Droit du tarif.*

TERRE propre à faire Porcelaine, ou Poterie de grès. *Voyez* DERLE.

Dix sols. THÉ venant de l'étranger, par arrêt du 6 août 1726, à toutes les entrées, la livre pesant.

Six livres. THÉ provenant des ventes de la Compagnie des Indes, par arrêt du 8 juillet 1732, le cent pesant.

> *Nota.* Ce thé peut être déclaré au bureau du Port-Louis, ou pour le Pays conquis, en passant par Dunkerque, ou pour la haute ville de Dunkerque. Au premier cas, les Commis du Port-Louis en perçoivent le droit de six livres du cent pesant, le plombent & l'expédient par acquit de payement, dans lequel il est fait mention de l'emprunt de passage par le port de Dunkerque, avec cette condition que le thé sera conduit au bureau de la basse ville, tout de suite & sans séjour dans la haute ville; à défaut de quoi il seroit censé étranger, & comme tel, sujet au droit de dix sols par livre, suivant la décision du Conseil du 3 août 1741 & l'ordre relativement donné le 10 octobre 1752, sans avoir égard aux plombs dont les balles seroient revêtues, ni à l'acquit de payement dont elles seroient accompagnées. Au second cas, c'est-à-dire, lorsque le thé est déclaré pour la haute ville de Dunkerque, il jouit de l'exemption du droit de six livres, comme pour la destination étrangère; mais on le plombe & on l'expédie par acquit à caution, pour être représenté au bureau de la basse ville de Dunkerque, & par ce moyen en prévenir le versement dans quelqu'autre port du Royaume en

B b

fraude des droits. Si dans la fuite, par une feconde deſtination, le thé ainſi expédié pour la haute ville de Dunkerque, fe préſentoit au bureau de la baſſe ville pour paſſer dans le Pays conquis, il ne pourroit être admis qu'en payant le droit de dix fols par livre, comme thé étranger, conformément à la décifion & à l'ordre ci-deſſus datés.

Dix livres. TIRE-BOUCHONS de fer, acier ou cuivre, avec la mèche d'acier & deſſus de bois, doivent comme mercerie, fuivant la décifion du 21 janvier 1743, le cent peſant.

TOILE boucaſſine. *Voyez* ci-après TREILLIS.

Droit du tarif. TOILE cirée ordinaire, doit le droit d'entrée du tarif de 1671.

Cinq pour cent. TOILE cirée peinte, n'eſt pas compriſe dans la pro-hibition des toiles peintes, teintes ou imprimées ; elle peut être admiſe à l'entrée, foit pour le Pays conquis, foit pour l'ancienne France, fuivant la décifion du Confeil du 27 novembre 1748 ; & lorſqu'elle eſt deſtinée pour le Pays conquis, elle doit cinq pour cent de la valeur, comme Marchandiſe omiſe au tarif de 1671, conformément à la décifion du 9 décembre 1749.

Cinquante pour cent. TOILES d'Angleterre & des pays en dépendans, par arrêt du 6 feptembre 1701, cinquante pour cent de la valeur.

TOILES du Levant. *Voyez* le chapitre des Marchandiſes du Levant, *page* 101.

TOILES étrangères, autres que d'Angleterre & du Levant, foit en écrû, griſes ou jaunes, foit blanchies ou demi-blanchies, deſtinées pour le Pays conquis, doivent à l'entrée, fuivant l'arrêt du 24 mars 1744, favoir ;.

Une liv. cinq sols. Les toiles groffes dont le prix n'eſt que de vingt ſols l'aune & au deſſous, le cent peſant.

Cinq livres. Et celles dont la valeur eſt au deſſus de vingt ſois l'aune, le cent peſant.

Le tout monnoie & aunage de France.

Nota. 1.º L'arrêt du 24 mars 1744 autoriſe les Commis à retenir ces toiles ſur le pied de l'eſtimation faite par les déclarations, en payant le montant de cette eſtimation avec le ſixième en ſus; ce qui eſt relatif aux règlemens dont on a parlé dans le chapitre des Marchandiſes qui acquittent les droits à l'eſtimation.

Nota. 2.º Quoique l'arrêt du 22 mars 1692 ait fixé par Rouen & Lyon l'entrée des toiles étrangères, néanmoins ſuivant les déciſions du Conſeil des 23 juillet 1713, 7 ſeptembre 1715 & 11 avril 1753, celles de Hollande & de la Flandre étrangère, peuvent être introduites par les bureaux du Pays conquis, ſoit qu'on les deſtine pour ce pays, ſoit qu'on veuille les faire paſſer dans l'étendue des Cinq groſſes fermes, en payant pour la première deſtination les droits ci-deſſus expliqués; & à l'égard de l'autre, en faiſant par les négocians ou leurs facteurs & voituriers, leur déclaration dans les premiers bureaux du Pays conquis, & y prenant des acquits à caution pour aller payer dans ceux d'Amiens, Péronne ou Saint-Quentin, les droits du tarif de 1664.

Nota. 3.º On ne doit expédier dans les bureaux du Pays conquis, aucunes toiles de Hollande ou de la Flandre étrangère, à la deſtination, ſoit de Bordeaux, ſoit de toute autre ville du Royaume, par mer; il n'y a que les toiles du Pays conquis, revêtues des marques preſcrites, qui puiſſent y aller par cette voie, en payant les droits de ſortie du tarif de 1671, ſuivant les règlemens cités dans l'article précédent, & les déciſions des 5 ſeptembre 1743, 3 octobre de la même année & 16 novembre 1750.

Nota. 4.º Conformément à une autre déciſion du 2 janvier 1744, les toiles étrangères qui viennent à

Valenciennes pour y être teintes en bleu, doivent
être marquées avec une empreinte portant ces mots :
Toile étrangère, teinte à Valenciennes, afin qu'on ne
puisse pas les déclarer comme provenant du Pays
conquis.

Défendues. { TOILES de coton. / TOILES peintes, teintes ou imprimées. / TOILES de fil teint ou peint. } *Voyez* l'état des Marchandises défendues à l'entrée.

Nota. Voyez aussi en ce qui concerne les toiles de
coton, l'article des Marchandises provenant des ventes
de la Compagnie des Indes.

TOILES des fabriques de Marseille. *Voyez* ÉTOFFES.

TOILES des fabriques du Royaume, deftinées pour
l'étranger, font exemptes des droits de fortie, en
rempliffant les formalités prefcrites par les règlemens
cités dans le chapitre des Marchandifes du Royaume
qui peuvent paffer à l'étranger en exemption de
droits. . . . .   *Néant.*

Nota. 1.° Ces règlemens n'ont pour objet que les
toiles dont la fortie eft permife, ainfi ils ne donnent
aucune atteinte aux arrêts des 2 feptembre 1679 &
5 décembre 1702, par lefquels la fortie des toiles
écrûes propres à être blanchies eft défendue.

Nota. 2.° Les toiles du Pays conquis peuvent paffer
dans les Cinq groffes fermes pour y être blanchies,
& retourner enfuite dans le lieu de leur fabrique,
en payant les droits réglés, & en rempliffant les formalités prefcrites par l'arrêt du 15 juillet 1719.

Nota. 3.° Suivant la décifion du 20 mai 1746,
les toiles provenant de la fabrique du fieur Fifeaux
négociant à Valenciennes, peuvent être expédiées par
acquits à caution au bureau de la même ville, pour
aller à Saint-Quentin, à l'effet d'y être blanchies, &

paſſer enſuite à l'étranger, dont la deſtination doit être conſtatée par le même acquit, avec déſignation du dernier bureau établi ſur la limite par où elles doivent ſortir à l'étranger.

Aux termes de cette déciſion, elles doivent, à leur retour du blanchiſſage, être expédiées au bureau de Saint-Quentin pour leur deſtination étrangère, ſuivant les règles établies pour les Marchandiſes du Royaume qui peuvent paſſer à l'étranger en exemption de droits.

Nota. 4.° Les toiles fabriquées dans le Pays conquis, doivent être marquées conformément à ce qui eſt preſcrit par l'arrêt du 3 mars 1749.

TOILES converties en chemiſes, ou autrement façonnées, ne jouiſſent pas de l'exemption accordée aux toiles deſtinées pour l'étranger, elles doivent à la ſortie du Pays conquis, ſuivant l'arrêt du 12 mars 1745, le cent peſant, ſavoir;

Pour les fines. . . . . *Trois livres.*

Et pour les communes . . . . *Une livre.*

TOILES à voiles. L'arrêt du 22 mars 1692 ne les ayant point eu en vûe lorſqu'il a reſtraint l'entrée des toiles étrangères par Rouen & Lyon, on peut les introduire dans le Royaume par tous les ports & bureaux indiſtinctement, ſuivant la déciſion du 16 décembre 1748.

TOILES appelées *Ajami.*   *Voyez* Marchandiſes deſtinées
TOILES platilles.   pour la côte de Guinée.

TOILETTES *ou* Batiſtes de Valenciennes & Cambray, ſont exemptes des droits de ſortie, par ordre du Conſeil du 12 novembre 1713, & par les règlemens cités dans le chapitre des Marchandiſes qui peuvent paſſer à l'étranger en exemption de droits.   *Néant.*

Droit du tarif. TREILLIS luftré, doit le droit d'entrée du tarif de 1671.

TREILLIS commun & Toile boucaffine ou boucaffin, doivent, comme les autres toiles étrangères, les droits réglés par l'arrêt du 24 mars 1744, fuivant leur valeur.

> *Nota.* L'obfervation faite à l'article des *Toiles* deftinées pour l'ancienne France, eft commune aux boucaffins & treillis de toute forte & façon.

TRESSES d'or & d'argent faux, par arrêt du 27 août 1737, la livre. . . . . *Cinq fols.*

Trois livres. TROMPES *ou* Guimbardes, ne doivent point être confidérées comme mercerie, mais comme quincaillerie, conformément à la décifion du 21 avril 1749, le cent pefant.

> *Nota.* Si elles fe trouvoient mêlées avec de la mercerie, elles payeroient en ce cas comme mercerie.

V

VACHES *ou* Geniffes. *Voyez* BESTIAUX.

Néant. VAISSELLE d'argent rompue & hors d'état de fervir, doit être confidérée comme argent en maffe ou lingots, & entrer en exemption de droits, fuivant la décifion du 4 août 1746.

Néant. VAISSELLE d'argent vieille & au poinçon de France, doit auffi entrer en exemption de droits, conformément à la décifion du 14 décembre 1750.

VAISSELLE d'argent, ainfi que les ouvrages d'orfèvrerie d'or ou d'argent, peuvent librement fortir du Royaume fans qu'il foit befoin de paffeport, fuivant les arrêts des 30 mars 1722, premier août 1733 & 20 juillet 1751, en payant les droits.

Cinq pour cent, & trois livres la livre.　VANILLE, par arrêt du 12 mai 1693, outre le droit ordinaire, qui est de cinq pour cent de la valeur, comme Marchandise omise au tarif de 1671, doit à toutes les entrées, trois livres par chaque livre pesant.

> *Nota.* La vanille est du nombre des drogueries, ainsi l'on doit tirer ce droit de trois livres sur le pied du poids net, conformément à la décision du Conseil du 24 juillet 1708.

VEAUX gras ou maigres. *Voyez* BESTIAUX.

VELOURS. *Voyez* ÉTOFFES de soie.

Défendus.　VELOURS de gueux. *Voyez* l'état des Marchandises défendues à l'entrée.

VERRE cassé. *Voyez* GROISIL.

VERRES & ouvrages de verrerie, venant de l'étranger dans le Royaume, ne peuvent y entrer par terre, savoir; dans la Flandre, que par les bureaux de Lille & de la basse ville de Dunkerque; dans le Haynault, que par ceux de Valenciennes, Maubeuge & Givet; dans la Champagne, que par les bureaux de Saint-Dizier & Sainte-Menehould; & dans la Franche-Comté, que par les bureaux de Jougues, les Rousses, Morteau & Juffey, à peine de confiscation, tant des Marchandises que des voitures, & de trois cens livres d'amende, conformément à l'arrêt du 15 août 1752.

> *Nota* L'entrée des verres provenant de la verrerie de Clair-Fontaine en Lorraine, est permise par le bureau de Bourbonne, suivant la décision du Conseil du 23 mars 1753.

VERRES & ouvrages de verrerie, doivent à toutes les entrées permises les droits ci-après expliqués.

Douze liv.　VERRE en table pour vitres, ayant une boudine au milieu, par arrêt du 29 mai 1688, la charretée de quatre paniers.

> *Nota.* La fortie des verres à vitres & d'autre efpèce avoit été fucceffivement défendue, par arrêts des 4 mars 1724, 24 mars 1725, 3 mars 1726, 18 mars 1727 & 22 mars 1728, mais ces défenfes furent levées par autre arrêt du 14 feptembre 1728.

Trente livres. VERRE blanc en table, fans boudine, propre pour les eftampes & peintures en paftel, excepté celui d'Angleterre, par arrêts des 11 novembre 1738 & 15 août 1752, le cent pefant.

> *Nota.* En conformité de ce dernier arrêt, le verre en table, fans boudine, doit être mis dans des caiffes féparées, & le poids de ces caiffes doit être déclaré, fous peine de confifcation & de trois cens livres d'amende.

Vingt livres. VERRES à boire & autres ouvrages de verreries étrangères, fins, cryftalins ou communs, fans diftinction de qualité, à l'exception de ceux des verreries d'Angleterre, par arrêt du 27 décembre 1746, le cent pefant.

> *Nota.* Cet arrêt explique les grandeurs & dimenfions des charrettes, chariots, caiffes & caiffetins contenant les marchandifes de verrerie, & en règle les droits à proportion, fur le pied de vingt livres du cent pefant.

Soixante liv. VERRE blanc en table, fans boudine ; Verres à boire & autres ouvrages de verre cryftalin d'Angleterre, par arrêt du 6 feptembre 1701 & décifion du Confeil du 8 août 1753, le cent pefant.

Vingt livres. VERRES à boire & autres ouvrages de verreries d'Angleterre, à l'exception de ceux de verre cryftalin, par le même arrêt & la même décifion, le cent pefant.

VERROTERIE, tant fimple que contrebrodée, pour
le

le commerce de Guinée, par les lettres patentes
du mois de janvier 1716, article VI. . . . .   *Néant.*

VIEILLES marmites.
VIEUX boulets de canon.   *Voyez* l'article des *Fers* dans   *Défendues.*
VIEUX clous.   l'état des Marchandises défen-
VIEUX fers.   dues à la sortie.

VIEUX habits. *Voyez* HABITS.

VIEUX linges. *Voyez* LINGE.

VIN rouge de France, ne doit rien, suivant le tarif
de 1671, lorsqu'il entre par Dunkerque, venant
directement des ports du Royaume; mais venant par
le pays étranger, il est réputé étranger, & comme
tel, il doit, suivant le même tarif & la décision du
9 mai 1711, la pièce ou muids de Paris, contenant
cent quarante pots de Lille, vingt livres.

Il en est de même du vin blanc de France, qui ne
doit que vingt-quatre livres du tonneau, faisant six
aimes, deux pipes ou quatre pièces, lorsqu'il vient
directement de France par Dunkerque; mais venant
par le pays étranger, il doit, comme vin étranger,
suivant la décision ci-dessus, soixante livres par tonneau, ou quinze livres par pièce.

Défendus.   VINS & liqueurs d'Angleterre. *Voyez* l'état des Marchandises défendues à l'entrée.

> *Nota.* Aucuns vins de Canaries, ni autres venant
> de Dunkerque, ne peuvent être admis à l'entrée,
> à moins qu'ils ne soient accompagnés d'un certificat
> des Officiers de la Chambre de Commerce de Dun-
> kerque, qui justifie qu'ils y ont été amenés par des
> bâtimens autres que d'Angleterre, ainsi qu'il résulte
> de la décision du Conseil du 26 février 1752.

C c

Vitriol de Chypre. *Voyez* l'état des Marchandises du Levant.

Volailles. *Voyez* le chapitre des Marchandises envoyées à Dunkerque.

Dix livres. Vrilles montées, doivent, comme Mercerie, par décision du 21 janvier 1743, le cent pesant.

Trois livres. Vrilles non montées, doivent, comme Quincaillerie, par la même décision, le cent pesant.

Y

Yvoire. *Voyez* Dents d'éléphant.

Z

Zedoaria. *Voyez* l'état des Marchandises du Levant.

F I N.

TABLE ALPHABÉTIQUE

Des Marchandiſes & des Matières contenues dans cette Inſtruction.

C

E e

Fin de la Table.